7 गलतियाँ

जिनके कारण

ई-रिक्शा डीलर

अपना 37% लाभ

खो बैठते हैं।

7 गलतियाँ
जिनके कारण
ई-रिक्शा डीलर
अपना **37%** लाभ
खो बैठते हैं।

Dinesh Goyal

Co - Founder of Fastest Growing
E-Rickshaw Company in India

Worldwide Published by

Pendown Press

PENDOWN PRESS

An ISO 9001 & ISO 14001 Certified Co.,
Regd. Office: 2525/193, 1st Floor, Onkar Nagar-A, Tri Nagar, Delhi-110035
Ph.: 09350849407, 09312235086
E-mail: info@pendownpress.com
Branch Office: 1A/2A, 20, Hari Sadan, Ansari Road, Daryaganj, New Delhi-110002
Ph.: 011-45794768
Website: PendownPress.com

First Edition: 2022
Price: ₹399/-
ISBN: 978-93-5554-386-8

All Rights Reserved

All the ideas and thoughts in this book are given by the author and he is responsible for the treatise, facts and dialogues used in this book. He is also responsible for the used pictures and the permission to use them in this book. Copyright of this book is reserved with the author. The publisher does not have any responsibility for the above-mentioned matters. No part of this publication may be reproduced, distributed, or transmitted in any form or by any means, including photocopying, recording, or other electronic or mechanical methods, without the prior written permission of the publisher and author.

Layout and Cover Designed by Pendown Graphics Team
Printed and Bound in India by Thomson Press India Ltd.

परिचय

यह पुस्तक 2018 में अंग्रेजी में लॉन्च की गई थी। पाठक का उत्साह देखते हुए इसे हिंदी संस्करण 2022 में भी रीलॉन्च किया जा रहा है।

यह पुस्तक 2018 में जितनी कारगर थी आज के समय में भी उतनी ही कारगर है।

लेखक ने 2018 के कुछ तथ्य भी इस पुस्तक में रखे हैं।

धन्यवाद!

विषय-सूची

भूमिका

लोगों को अपनी की हुई गलतियों से अवगत कराने के लिए मैंने यह पुस्तक लिखी है। यदि इस बारे में उन्हें जागरूक कर दिया जाए तो व्यापार करते समय वे ऐसी गलतियाँ कभी नहीं दोहराएंगे। वे लोग जो पहले से ई-रिक्शा के कारोबार में हैं अथवा इससे जुड़ना चाहते हैं, मैं उन्हें संबोधित करना चाहता हूँ।

यह पुस्तक डीलरशिप को सफल बनाने के तरीकों के बारे में अंतर्दृष्टि प्रदान करती है। व्यापार करते वक्त की गयी संभावित गलतियों और उनसे आने वाली दिक्कतों के बारे में इस पुस्तक में विस्तार से बताया गया है। इससे डीलर को सावधानीपूर्वक डीलरशिप लेने में मदद मिलेगी। एक स्थिर और सफल व्यापार करने के लिए शुरू में किसी भी डीलर को बहुत सावधानी बरतनी होगी और किसी असफल कंपनी से जुड़ने से बचना होगा।

मैं अपने सभी पाठकों को बधाई देना चाहता हूँ। मैं आशा करता हूँ कि मेरे विचार आपको अपने व्यापार में नए-नए तरीके अपनाने में मदद करेंगे। खूब फलें-फूलें और भविष्य में नई-नई ऊंचाइयों को छुएं।

आपके फलते व्यापार के लिए मैं तहेदिल से कामना करता हूँ। भगवान करे आपका व्यापार दिन-प्रतिदिन खूब तरक्की करे और सफलता आपके कदम चूमे।

समय के साथ अर्जित किया सारा ज्ञान मैं अपने पाठकों से साझा करना चाहता हूँ। इन नौ सालों में मैंने कई गलितयां कीं, और उनसे मुझे बहुत कुछ सीखने को मिला। अतः इस व्यापार से जुड़ी सारी बातें मैं आपको बताना चाहता हूँ। इसके पीछे मेरा मुख्य उद्देश्य यह है कि डीलर अपने आपको सुरक्षित एवं संरक्षित महसूस करें न कि असुरक्षित। डीलर दृढ़ निश्चय करें और इस बात पर ध्यान दें कि वे अच्छी बिक्री करेंगे और अच्छा मुनाफा कमाएंगे।

आपका शुभेच्छु

दिनेश गोयल

आभार

मैं उन सभी लोगों के प्रति आभार प्रकट करता हूँ जिन्होंने इस पुस्तक के माध्यम से मुझे जाना है। मैं उन लोगों का भी आभारी हूँ जिन्होंने इस विषय पर बात करके मेरी मदद की, मेरे लेखों को पढ़ा, टिप्पणी दी और अपनी उक्तियों को मेरी पुस्तक में लिखने दिया। मैं उन सभी लोगों का भी आभारी हूँ जिन्होंने इस पुस्तक के संपादन, प्रूफ रीडिंग और डिजाइनिंग में मेरी मदद की।

मेरे इस प्रोजेक्ट में मेरे परिवार का सबसे महत्वपूर्ण योगदान रहा। मैं अपने पिता श्री जय भगवान जी गोयल को उनके मार्गदर्शन और सलाह के लिए धन्यवाद देता हूँ। अनेक लाखों लोगों की भांति आप मेरे भी प्रेरणास्रोत हैं। मैं अपनी माता श्री ऊषा गोयल को भी धन्यवाद देना चाहूंगा। मैं आज जो कुछ भी हूँ, यह सब उनके प्यार और मार्गदर्शन का ही नतीजा है।

मैं अपनी प्यारी पत्नी इशिता और बेटी वाग्मी को भी धन्यवाद देना चाहूंगा। उन्होंने हर वक्त मुझे प्रेरणा और ऊर्जा दी है।

मेरे बड़े भाई मंदीप गोयल का भी मैं आभारी हूँ, वे मेरी मदद के लिए हमेशा मौजूद रहे हैं। मेरे छोटे भाई और इस कंपनी के सह संस्थापक जतिन को भी धन्यवाद! उनकी लगन के बिना इस कंपनी को इतनी तेजी से आगे बढ़ाना और अपने कस्टमर्स का प्यार और सहयोग पाना नामुमकिन था।

मेरे सारे टीम मेंबर्स को भी आभार! हमारे हर प्रयास में वे सदैव हमारे साथ खड़े रहे हैं।

अंत में मैं उन सभी लोगों को धन्यवाद देना चाहूंगा जिन्होंने इस पूरे समय में हमारा साथ दिया और भूलवश जिनका नाम मैं यहां नहीं ले पाया।

मेरी बेटी 'आरव्या' की याद में!

आपका अपना

दिनेश गोयल

ई-रिक्शा उद्योग का परिचय

कई शोधों ने बढ़ते प्रदूषण और घटते संसाधनों के बारे में सचेत किया है और परिवहन के ऐसे साधनों की आवश्यकता पर बल दिया है जो पर्यावरण के और अधिक अनुकूल हैं।

भरोसेमंद बैटरी बनाने की तकनीक और बैटरियों के वजन के कारण ई-रिक्शा बनाने की लागत बढ़ी है।

मोटर वाहन एक्ट में 2014 के संशोधन के बाद ई-रिक्शा को इस एक्ट के दायरे में लाया गया है। इस एक्ट के अनुसार, ई-रिक्शा विशेष कार्य हेतु लाया गया, बैटरी चालित और तिपहिया वाहन है। ई-रिक्शा को इससे जुड़े सुरक्षा हितों के कारण इस एक्ट में शामिल किया गया। इस संदर्भ में मौजूदा कानून में कुछ जरूरी बदलाव किया गया।

परिवहन एवं सड़क मंत्रालय द्वारा ई-रिक्शा और ई-कार्ट को यातायात विभाग की विशिष्ट श्रेणी के अंतर्गत रखा गया है। इसे कुछ इस तरह परिभाषित किया गया है, "ई-रिक्शा" बैटरी द्वारा संचालित एक विशेष वाहन है, जिसके तीन पहिए हैं और जिसे ड्राइवर के अलावा अधिकतम 4 यात्रियों को ले जाने के लिए बनाया गया है। इसमें अधिकतम 40 किलो तक का वजन ढोया जा सकता है और इसकी गति 25 कि.मी. प्रति घंटे से अधिक नहीं होनी चाहिए। इसके अलावा ई-रिक्शा नियंत्रण के लिए प्रत्येक राज्य में अपने-अपने नियम हैं। अतः ई-रिक्शा के लिए सभी राज्यों के रजिस्ट्रेशन शुल्क भी अलग-अलग हैं।

यह सच है कि ई-रिक्शा ने पर्यावरण हित में सहयोग किया है, और इससे कई लोगों को रोजगार मिला है। ई-रिक्शा चालक के लिए यह पैसे कमाने का अच्छा साधन है, क्योंकि इसमें कम मेहनत लगती है। कई महिलाओं को भी ई-रिक्शा चलाते हुए देखा जा सकता है। कई लोगों ने तो ई-रिक्शा चलाकर ही अपना जीवन-यापन किया है और अपना घर-परिवार चलाया है। माल वाहक और यात्री वाहक ई-रिक्शों की बॉडी का डिजाइन बदलता रहता है। कई प्रकार के ई-रिक्शा बाजार में मौजूद हैं, जो यात्री और ड्राइवर की सहूलियत के हिसाब से बनाये गए हैं।

ई-रिक्शा की मांग बढ़ने के बाद कई नए चेहरे इस उद्योग में आ गए हैं, कई नए निर्माता इस उद्योग से जुड़ गये हैं। 9000 से भी ज्यादा डीलर, ई-रिक्शा के व्यापार में जुड़ गए हैं, और यह संख्या अगले 3 साल में 45000 होने की संभावना है। सरकार ने मिशन इलेक्ट्रिक के तहत 2021 तक सड़कों पर नए इलेक्ट्रिक वाहनों को लाना तय किया था। अपनी इस पहल में सरकार काफी सफल रही है और उसने यह कर दिखाया है। यातायात के साधनों में सुधार लाने की कवायदों के साथ ही इस उद्योग में नए-नए चेहरे जुड़ रहे हैं, इससे पता चलता है कि यह उद्योग इसी तरह फलता-फूल रहेगा। जैसे-जैसे प्रतिस्पर्धा बढ़ रही है, वैसे-वैसे ही लोग भी बेहतरी की ओर अग्रसर हो रहे हैं।

कई कंपनियां बेहतर मालवाहक क्षमता वाले ई-रिक्शा लाने के लिए प्रयासरत हैं। बिजली ही भविष्य है। राष्ट्रीय इलेक्ट्रिक मोबिलिटी मिशन के तहत भारत सरकार ने 2030 तक परिवहन के सारे साधनों को इलेक्ट्रिक करने का प्रण लिया है। यहां ई-रिक्शा ने बाजार में धूम मचा दी है, क्योंकि इसने अपने निवेशकों, सरकार, निर्माताओं, डीलर्स और रिक्शा चालकों को कई फायदे पहुँचाए हैं।

यही कारण है कि आज बहुत से लोग ई-रिक्शा की डीलरशिप लेने में रुचि दिखा रहे हैं। लेकिन इस व्यवसाय में सफल होने के लिए उन्हें कुछ सावधानियां बरतनी होगी और उन गलतियों को करने से बचना होगा, जो कि उन्हें सफलता की ओर ले जाती हैं। अत: अब हम ई-रिक्शा की डीलरशिप लेते समय किसी भी व्यक्ति से हो सकने वाली सभी संभावित गलतियों को देखेंगे एवं उनसे बचने के उपायों के बारे में भी जानेंगे।

बिक्री बढ़ाने के तरीके

कंपनी से उत्पाद लेने के बाद, एक सेल चैनल बनाना होगा। आरंभिक लीड्स से लेकर डील तय होने तक, ये सारी बातें उसके कार्यों में शामिल हैं।

10 वर्ष काम करने के पश्चात किसी व्यक्ति में सब कुछ अच्छी तरह से कर पाने का जितना दृढ़ विश्वास होता है, काम आरंभ करते समय, मैं भी उतना ही आश्वस्त था। मेरा दिमाग अनुभव और ज्ञान से ओत-प्रोत था। मैं कड़ी मेहनत करने को बिल्कुल तैयार था। मैंने माल बेचना शुरू किया। मुझे अपने आप पर भरोसा था। हालांकि यह गलत नहीं है, मगर व्यापार में आने पर, लोग बहुत बड़े बड़े सपने देखने लगते हैं।

ई-रिक्शा के व्यापार को समझे बिना, या किसी जानकार आदमी की तलाश किये बिना ही मैं इस व्यापार में कूद पड़ा। इसके चलते मुझे अपने ढंग से काम करने की आजादी मिल गयी। अगर उन शुरुआती दिनों में मुझे किसी जानकार की सलाह मिली होती, तो मुझे एक बेहतर शुरुआत मिल जाती और इससे मुझे जल्द सफलता मिलती। यह वर्ष 2013-14 की बात है।

मैंने ठान लिया था कि बिना किसी के सहयोग के, मैं सारे काम कर लूंगा और धीरे-धीरे सब कुछ सीख जाऊंगा। इस विचार को मन में से हटाना जरूरी था। मेरे अंदर आत्मविश्वास था और मैं अच्छी बिक्री भी कर पा रहा था। जल्द मुझे समझ आ गया कि 7 से 8 साल से ज्यादा अनुभव वाली कंपनी, उन नौसिखियों के मुकाबले

बेहतर डीलरशिप देगी। मगर असल दिक्कत यह थी कि अनुभव पाने के लिए थोड़ा समय देना आवश्यक था। यह आवश्यक नहीं है कि ज्यादा बिक्री करने से मुनाफा भी ज्यादा होता है। हालांकि इससे बाजार में आपका नेटवर्क अवश्य मजबूत होता है।

मेरे व्यापार के शुरुआती महीनों में अच्छी बिक्री हो रही थी। ई-रिक्शा के व्यापार का बदलता मिजाज, इसका प्रमुख कारण था। ई-रिक्शा उद्योग उस समय काफी फल-फूल रहा था। ऑटो-रिक्शा और साइकिल-रिक्शा के मुकाबले ई-रिक्शा, यातायात का बेहतर साधन था। शहरों में मेट्रो आने के बाद, कम दूरी पर जाने के लिए एक त्वरित और सस्ते साधन की जरूरत थी। यहां तक कि साइकिल रिक्शा चालकों को भी यह बदलाव समझ में आने लगा था। वे जल्द से जल्द ई-रिक्शा लेना चाहते थे। कुछ नए ड्राइवर भी थे जो ई-रिक्शा चला कर अपनी रोजी-रोटी कमाना चाहते थे। बैंकों ने भी ई-रिक्शा खरीदने के इच्छुक लोगों को वित्तीय सहायता प्रदान की। सरकारी पॉलिसियों ने भी इसको बढ़ावा दिया। अत: शुरुआत में बिक्री जोरों-शोरों पर रही। मगर कुछ समय बाद बिक्री घट गयी। इसका कारण था, ई-रिक्शा की घटिया क्वालिटी।

मेरा अगला लक्ष्य था कि बिक्री बढ़ा कर अपने निवेश पर ज्यादा लाभ कमा पाऊँ। इसके लिए बाजार में बिक्री बढ़ाने के अनेक तरीकों का मैंने अध्ययन किया, जैसे कि–

1. **शोरूम में आने वाले ग्राहकों की जानकारी को नियमित तौर पर रिकॉर्ड करना:** शोरूम में रोजाना आने वाले ग्राहकों की संख्या का रिकॉर्ड रखना और उनके बारे में जानकारी एकत्रित करना बहुत आवश्यक है। उनका नाम, पता, मोबाइल नंबर, उनका रोजगार या व्यापार, और आने का उद्देश्य, इन सभी बातों की जानकारी लें। अगर उन्हें सहज लगे तो इस

बात की भी जानकारी लें कि वे ई-रिक्शा खरीदने के बाद कितने पैसे कमाने की उम्मीद रखते हैं।

2. **ग्राहक जानकारी फॉर्म (सी.आई.एफ.) बनाएं:** शोरूम में आने वाले प्रत्येक ग्राहक की जानकारी प्राप्त करने के लिए उसका एक सी.आई.एफ. (ग्राहक जानकारी फॉर्म) बनाएं।

इसे बनाने से आप ग्राहक के बारे में सिलसिलेवार ढंग से सारी जानकारी प्राप्त कर सकेंगे। सी.आई.एफ. भरने पर डीलर को ग्राहकों के सभी प्रश्नों का उत्तर देने में आसानी होगी। आपको उनके सभी डॉक्यूमेंट की जानकारी भी रखनी होगी। इससे डीलर को ग्राहक की जरूरत का पता चलेगा, बिक्री में आने वाली अड़चनों से मुक्ति मिलेगी।

3. **नियमत रूप से संपर्क बनाये रखना:** निरंतर संपर्क बनाने से ग्राहकों से बेहतर रिश्ते बनते हैं। इस रिश्ते से आपको ग्राहकों की रुचि का पता चलता है। सेल्स टीम भी ग्राहक की आशाओं के अनुरूप ही डील तय करती है। इन संपर्क-सूत्रों में शामिल हैं:

- **एक संपर्क डायरी बनाये रखना:** सी.आई.एफ. के साथ-साथ, एक डायरी में भी ग्राहक की जानकारी लिखकर रखें। इस बात का लेखा-जोखा बनाकर रखें कि ग्राहक से कब बात करनी है, और उनके क्या-क्या सवाल हैं।

- **संपर्क की जांच:** सी.आई.एफ. और डायरी से प्राप्त जानकारी के आधार पर ग्राहक के सवालों और अटकलों का पता लगाया जा सकता है। शायद इससे आप ग्राहक को कुछ सुझाव भी दे सकेंगे। इन सबसे आपकी कंपनी के लिए ग्राहक का विश्वास बढ़ जाएगा।

4. **ग्राहकों की संख्या बदलने का अनुपातः** भले ही किसी शोरूम में कई ग्राहक आते हैं, मगर यह अनुपात कम हो सकता है। उदाहरणतः अगर 10 लोग शोरूम में आते हैं, मगर यह अनुपात 5, 10 या 20 कुछ भी हो सकता है। नियमित तौर पर सेल्स बढ़ाने के लिए इस संख्या की जानकारी रखना बहुत आवश्यक है। इससे आपको सेल्स की असलियत पता चलेगी। बुक किए गए रिक्शों की संख्या का शोरूम में आने वाले सभी ग्राहकों की संख्या से अनुपात ही बदलने का अनुपात कहलाता है। यह अनुपात नई रणनीतियाँ बनाने में भी मदद करता है। ये नीतियां एक-एक करके बनानी होंगी। इन नीतियों से प्राप्त परिणामों को विश्लेषण करने के लिए संभाल कर रखना होगा।

5. **कंपनी का सहयोगः** आगे बढ़ने के लिए ग्राहकों को दी जाने वाली मदद को समझना बहुत जरूरी है। इसे समझने के लिए बहुत समय लगाना होगा। डीलर को अनुपात और सी.आई.एफ. से समझ में आ जाता है कि ग्राहकों को कैसी मदद चाहिए। अलग-अलग ग्राहकों के लिए स्थिति भिन्न हो सकती हैं। अतः कंपनी को ग्राहक की जरूरत के अनुसार ढलना होगा। ग्राहकों की जरूरत जानने के लिए साप्तहिक या मासिक तौर पर की गई जाँच को आगे साझा करना होगा।

6. **सुझाव की ओर ध्यान दें:** अक्सर देखा गया है कि एक संतुष्ट ग्राहक, कई अन्य ग्राहक लाकर देता है। इससे व्यापार और सेल्स में वृद्धि होती है। लोगों को सुझाव देकर एक संतुष्ट ग्राहक नए ग्राहक लाने की क्षमता रखता है। ऐसे ग्राहकों का आदर करना चाहिए। इन संतुष्ट ग्राहकों के फीडबैक आपको बेहतर बनाने में मदद करते हैं। अतः उनका फीडबैक लेना चाहिए और उनके पसंदीदा चुनाव का कारण

पूछना चाहिए। इन चीजों से उनसे बेहतर रिश्ते बनते हैं। इससे ग्राहक को खुशी होती है कि कंपनी ने बिक्री के बाद भी उनका ख्याल रखा है।

7. **स्थानीय डीलर को ग्राहक की जानकारी साझा करनाः**
सी.आई.एफ. में ग्राहक कई जरूरी जानकारी भर देता है। अब यह डीलर पर निर्भर करता है, कि वह उस जानकारी का कैसे उपयोग करते हैं। एक अच्छी कंपनी को ऐसे तरीके बनाने चाहिए ताकि वे देश भर से जानकारी जमा कर सकें और डीलर उसे समय रहते प्राप्त कर सकें ताकि वे सीधे गाहकों से जुड़ सकें और उन्हें अपना ई-रिक्शा बेच सकें। इसका तात्पर्य है कि नियमित प्रश्नावली के माध्यम से जो डेटा एकत्रित किए गए हैं उन्हें सेट कर लिया जाए तथा उसके क्षेत्र से जिस भी ग्रहक ने कोई प्रश्न पूछा है उसकी सारी सूचना डीलर को प्राप्त कर लेनी चाहिए और अपने पास रख लेनी चाहिए। इससे ग्राहक से संपर्क साधने में डीलर को आसानी होगी।

इन सभी तरीकों से आप बेहतर तरीके से ई-रिक्शा सेल कर सकेंगे और ज्यादा मुनाफा कमा सकेंगे। अगर ये सारी सुविध गाएं आपके पास न हुई, तो मुनाफा घट जाएगा। कई लोग व्यापार या सेल्स को दोष दे देते हैं। मगर वे चिंतन-मनन नहीं करते। ऐसा करने पर ही उन्हें व्यापार की असली तस्वीर मिलेगी और फिर स्थिति सुधारने के लिए (सेल्स बढ़ाने के लिए) उन्हें नए उपाय खोजने होंगे।

एक बेहतर सेल्स चैनल बनाने के लिए यह जरूरी है कि निर्माता कंपनी अच्छी तरह से सहयोग करे। इस तरह के सहयोग में निम्नलिखित बातें शामिल होनी चाहिए-

- **ज्यादा ग्राहक लाने के तरीके:** शोरूम में ग्राहक लाने जरूरी हैं। साथ में यह भी जरूरी है कि सभी ग्राहकों का समान रूप से ध्यान रखा जाए। अर्थात यदि शोरूम में एक साथ 10 ग्राहक आ जाते हैं तो सेल्स टीम इसके लिए पूरी तरह से तैयार रहे और इन सारे ग्राहकों को एक साथ सँभालने का कौशल रखे।

- **शोरूम में आने वाले लोगों का लेखा-जोखा रखना:** एक डायरी या कंप्यूटर पर शोरूम में आने वाले लोगों का लेखा-जोखा रखें, ताकि इस जानकारी को आगे काम में लाया जा सके।

- **शोरूम में आने वाले ग्राहकों से जुड़े रहना:** इससे संभावित ग्राहकों से संपर्क साधे रखने में आसानी होती है, अत: यह बहुत महत्वपूर्ण है।

- **सेल्स टीम को ट्रेनिंग देना:** ग्राहकों के सवालों का जवाब देने और बिक्री के बाद की सारी जानकारी देने हेतु सेल्स टीम को प्रशिक्षित करना होगा।

इन सब बातों को ध्यान में रखते हुए, सेल्स टीम को उच्च स्तर का प्रशिक्षण देना होगा। आज के आधुनिक युग में बेहतर परिणाम के लिए, डिजिटल टेक्नोलॉजी का प्रयोग करना आवश्यक है। सबसे पहले एक सेल्स वीडियो से स्टाफ को लेखा-जोखा, ग्राहक से संपर्क और सेल्स बढ़ाने के बारे में Trained करना होगा। ई-रिक्शा डीलर के पास सर्वगुण-संपन्न और मजबूत सेल्स टीम होनी चाहिए! ऐसी टीम के साथ काम करने से डीलरशिप पर आपकी अच्छी पकड़ बन जाएगी। बेहतर कंपनी से जुड़ने पर वह भी आपको अच्छा सहयोग देगी और एक मजबूत सेल्स चैनल बन जाएगा।

कंपनी द्वारा बनायी गयी सेल्स की रणनीति या व्यापार का प्लान, डीलर्स को और ज्यादा सेल्स और बेहतर मुनाफा दिलवाते हैं। कंपनी को भी अपने ई-रिक्शा का प्रचार करने के तरीके खोजने होंगे। बेहतर

रणनीति बाजार की स्पर्धा के अनुरूप बनती है। यानी प्रतिद्वंद्वी की खामी भी आपकी सेल्स को बेहतर कर सकती है। अत: कंपनी को अपने उत्पाद का प्रचार कुछ इस तरह से करना होगा, मानो कि वह ही सर्वोत्तम है।

कभी-कभार एक ई-रिक्शा में सुधार की या फिर उसको बदले जाने की आवश्यकता होती है। लेकिन सेस्ल की नीति में सेल बढ़ाने वाले कारकों की भूमिका को शामिल किया जाना चाहिए तथा अपने क्षेत्र की पूरी जिम्मेदारी उठानी चाहिए। इन कारकों को समझना भी कंपनी की रणनीति का एक हिस्सा होना चाहिए।

इन कारणों से कंपनी के ई-रिक्शा की मांग घट सकती है। उदाहरण के लिए, जल्दी चार्जिंग के विकल्प न मिलने पर ग्राहक की रुचि कम हो जाएगी। इन नीतियों में उन सारे कारणें को शामिल करना होगा, जिनके कारण सेल हो रही है। सेल्स पर डीलर के द्वारा उन व्यक्तियों को कुछ बोनस दिया जाना चाहिए जिसने दूसरे ग्राहकों को यहाँ के लिए रेफर किया है। कंपनी की सफलता से डीलर के आत्मविश्वास में वृद्धि होगी। अत: कंपनी को सफलता के हर संभव प्रयास करने चाहिए। 2022 में बदलते समय के साथ आज इन सभी कार्यों के लिए सॉफ्टवेयर दिए जा रहे हैं, जिससे सारा काम आसानी से हो जाता है।

साइकिल-रिक्शा से शुरू होकर, आज हमने ई-रिक्शा तक का सफर पूरा कर लिया है। सदी बदल रही है। पर्यावरण संरक्षण को ध्यान में रखते हुए परिवहन के इस साधन पर विशेष जोर दिया गया है, और इसलिए आज ई-रिक्शा का व्यापार जोरों पर है। परिणामस्वरूप ई-रिक्शा की संख्या भी बढ़ी है। ऐसे माहौल में एक ई-रिक्शा कंपनी अपने ग्राहकों से कदम मिलाकर ही ऐसे पनप सकती है और सफल हो सकती है। एक सफल सेल्स नीति वही है जो बिक्री के बाद की सेल्स नीति के साथ सामंजस्य रखे। ग्राहकों को बिक्री के बाद डीलर द्वारा दी जाने वाली सर्विस का महत्व समझाना होगा। आइए आगे इसके बारे में जानते हैं!

अध्याय-1

निवेश के लाभ की गणना

"ई-रिक्शा उद्योग में इस पुस्तक ने तहलका मचा दिया है। इस पुस्तक को पढ़ने के बाद मेरा मुनाफा 2 लाख रुपये महीना बढ़ा।"

—निशांत गुप्ता, उत्तर प्रदेश

ज्यादातर व्यापारों में निवेश करने का मुख्य उद्देश्य मुनाफा पाना होता है। चूंकि छोटे व्यवसायों में निवेश करना जोखिम भरा होता है, इसलिए निवेशक फायदे की तलाश में रहते हैं। इसे निवेश के रिटर्न के तौर पर भी देखा जा सकता है। यह रिटर्न एक वित्तीय अवधारणा है जिसके जरिये किसी निवेश की लाभप्रदता को आँका जाता है। कुल लाभ को कुल संपत्ति से गुणा करके इसे मापा जाता है। किसी उद्योग के रिटर्न को जानने के बाद ही कोई यह निर्णय कर पाएगा कि निवेश समय का करना है या पैसों का। इसलिए मैंने भी अपना बिज़नेस शुरू करते वक्त लाभ का आंकलन किया था। यहीं पर मैंने अपनी पहली गलती कर दी।

मैं निवेश पर रिटर्न की अवधारणा को हिसाब किये बिना नहीं समझ पाया। शुरुआत में मुझे लगा कि मैं ढेर सारे पैसे और बहुत सा लाभ कमा लूंगा। मैं इस निष्कर्ष पर पहुंचा कि अगर मैं एक महीने में 30 ई-रिक्शा बेचूंगा, तो हर रिक्शे पर 10,000 से 15,000

के हिसाब से महीने के लगभग 3-5 लाख रुपये कमा लूंगा। मुझे विश्वास था कि इस कैलकुलेशन के हिसाब से महज 5 लाख रुपये का शुरुआती निवेश करके मैं आसानी से एक महीने में 2 से 2.5 लाख रुपये कमा लूंगा। मुझे यह सौदा अच्छा लगा। इसे दिमाग में रखकर ही मैंने अपना बिज़नेस शुरू किया।

यह हिसाब गलत साबित हुआ। कंपनी ने अच्छा सामान नहीं दिया, निवेश पर रिटर्न की अवधारणा को मैंने गलत तरीके से समझ लिया। अतः अब भविष्य में क्या होगा, इसका सही अंदाजा लगाना एक मुश्किल काम था। जिन रिक्शों को हम बेच रहे थे, वे बेकार क्वालिटी के थे। इसके चलते बाज़ार में हमारा नाम ख़राब हुआ। पहले दो महीने की बिक्री ने नकारात्मक प्रचार किया, जिसके चलते बाकी के महीनों में ग्राहकों ने ई-रिकशा लेने से मना कर दिया। हमने इस ख़राब क्वालिटी को पहले नज़रअंदाज़ कर दिया था, लेकिन इसके चलते जो नुकसान हुआ उसे अनदेखा नहीं किया जा सकता था। बाज़ार में हमारा नाम बहुत ख़राब हो गया। ये नुकसान कभी-कभार इतने बड़े हो जाते हैं कि इनसे उबरना बेहद मुश्किल हो जाता है। इस निवेश पर जिस बड़े रिटर्न की आशा थी, वह सब मात्र एक धोखा साबित हुआ।

व्यापार शुरू करते वक्त गुणवत्ता के बारे में सोचे बिना हम अच्छी बिक्री और ढेरों लाभ कमाने का अनुमान लगा लेते हैं। हमारे केस में बिक्री में हमेशा बढ़ोत्तरी का अनुमान लगाया गया था। शुरुआत में तो यह बढ़ता गया। मगर, दो महीने के अंदर ही यह घट गया।

हमारे केस में, सामान की सस्ती गुणवत्ता, गलत कंपनी से सम्बन्ध और अपने निवेश के रिटर्न्स का गलत आंकलन, इन्हीं कारणों से हमारा लाभ घट गया। बहुमूल्य और अच्छी गुणवत्ता वाले उत्पादों में ऐसी समस्या नहीं आएगी। ऐसे उत्पादों की बिक्री शुरू में भले ही थोड़ी धीमी हो, मगर आगे जाकर यह तेजी से बढ़ जाती है। ग्राहकों तक अच्छी गुणवत्ता वाले ई-रिक्शा पहुंचने के बाद बाजार में इसकी

चर्चा होती है, जिसके कारण से बाजार में ब्रांड का नाम होता है, लोग इस उत्पाद को खरीदने के लिए आकर्षित होते हैं। इससे डीलर का उत्पाद ज्यादा बिकता है और भविष्य में उसे काफी मुनाफा होता है। जहाँ, ई-रिक्शा की गुणवत्ता को बनाये रखना जरूरी है, वहीं इस बात का भी ध्यान रखा जाना चाहिए कि इनके मूल्यों में किया गया परिवर्तन स्पर्धात्मक हो।

निवेश करने का निर्णय लेते वक्त, लोगों को ई-रिक्शा के व्यापार से जुड़े जोखिमों को भी ध्यान में रखना चाहिए। ई-रिक्शा की मांग को लेकर बदलता पैटर्न, हमारे लिए एक संभावित खतरा था। हाल ही में, ई-रिक्शा ने तेज और आरामदायक परिवहन की उन नवीनतम मांगो को पूरा किया है, जिन्हें सार्वजनिक यातायात के अन्य साधन पूरा नहीं कर पा रहे थे। यह हमारे व्यापार के लिए मददगार साबित हुआ। हालाँकि कुछ जोखिम भी थे, जिन्होंने बिक्री पर बुरा असर डाला था। उदाहरण के लिए, अन्य सस्ते विकल्प जैसे साइकिल-रिक्शा और सरकारी नीतियों में बदलाव जैसे- हाईकोर्ट द्वारा ई-रिक्शा पर प्रतिबंध: इन सबने ग्राहकों के मन में कम कमाई का भय पैदा कर दिया था। इसके बाद ग्राहक निवेश करने में हिचकिचाने लगा, जो कि स्वाभाविक है। अत: अकल्पित कारणों से हमारे निवेश पर रिटर्न घट गया था।

हमारे केस में, निवेश के रिटर्न के गलत आंकलन ने हमारे लिए मुश्किलें खड़ी कर दीं। अपने अनुभव के आधार पर, निवेश के रिटर्न की बेहतरी के लिए, मैंने अपने कुछ स्वर्णिम नियम बनाए। वे निम्नलिखित हैं:

1. **कभी भी सस्ती गुणवत्ता वाले ई-रिक्शा की तरफ आकर्षित न हों:** एक बार सस्ते के चक्कर में पड़कर बार-बार परेशानी न झेलें। सस्ती गुणवत्ता वाले उत्पाद, अपने सस्ते दामों के चलते ग्राहकों को अपनी ओर आकर्षित करते हैं। हालाँकि इस ई-रिक्शा को चलाने के बाद ग्राहक को यह एहसास नहीं होगा

कि सस्ते के लालच में उसने ख़राब गुणवत्ता वाला ई-रिक्शा खरीद लिया है। इसकी बजाय, वह यह धारणा बना लेता है कि रिक्शा बनाने वाली कंपनी ग्राहक के बिलकुल भी अनुकूल नहीं है। अत: ग्राहकों का भरोसा जीतने के लिए अच्छे गुणवत्ता वाले उत्पाद जरूरी हैं। इसी से उत्पाद की निरंतर बिक्री सम्भव है। ग्राहकों को पैसा वसूल मगर अच्छी गुणवत्ता वाले लेकिन थोड़े महंगे उत्पाद लेने के लिए समझाना थोड़ा मुश्किल होगा। मगर कुछ समय बाद जब एक बार वे ई-रिक्शा बाजार में अपना स्थान बना लेंगे, तब वे यह बात समझ जाएंगे।

2. **ई-रिक्शा की बिक्री में बढ़ती दर के साथ इजाफा होना चाहिए:** डीलर्स को तेजी से बिक्री में इजाफे का लक्ष्य रखना चाहिए। शुरुआत में धीरे चलना ठीक है। लोगों को अच्छा ई-रिक्शा खरीदने के फायदे बताएं। हालांकि लोगों को कभी-कभी ई-रिक्शा का तकनीकी विवरण समझने में वक्त लग सकता है। यह सेल्स टीम की जिम्मेदारी है कि वह बगैर जबर्दस्ती किए, सही ढंग ग्राहकों को समझा-बुझाकर, समय के साथ बिक्री में इजाफा करे।

3. **हर महीने अपने निवेश के रिटर्न की जांच करें:** विभिन्न कारक जो निवेश के रिटर्न को तय करते हैं, वे समय-समय पर बदलते रहते हैं। इनमें से कुछ तो व्यापार के अनुकूल होंगे, जबकि कुछ आपके व्यापार के पक्ष में नहीं होंगे। इसलिए आपके निवेश के रिटर्न की निरंतर जाँच जरूरी है। यह मासिक या त्रैमासिक रूप से की जा सकती है। यह व्यापार चलाने के लिए रणनीति बनाने में भी आपकी मदद करेगा।

4. **मुनाफे (लाभ) का विश्लेषण:** किसी भी व्यापार को चलाने के लिए मुनाफा आवश्यक है। इस मुनाफे का मासिक, त्रैमासिक या अर्धवार्षिक विश्लेषण जरूरी है। और मुनाफे से उस उत्पाद

के प्रति बाजार की प्रतिक्रया का भी पता चल जाता है। इसके अलावा मुनाफे के विश्लेषण से लागत को भी नियंत्रित किया जा सकता है। इससे अगले व्यापारिक चक्र में अधिक लाभ कमाया जा सकता है।

5. **उत्पादों का रखरखाव:** अच्छी गुणवत्ता वाले उत्पादों की यह खासियत है कि इनका रखरखाव कम खर्च में हो जाता है। डीलर बिक्री के बाद चाहे कितनी भी सर्विस दे, मगर यदि रख-रखाव में आने वाला खर्च अधिक है तो ग्राहक इसे खरीदने से कतराएगा। ई-रिक्शा को आखिरकार रिक्शाचालक जीवनयापन और दैनिक कमाई के लिए ही चलाते हैं। यदि इनके राखाव में आने वाला खर्च कम होगा तो इनकी कमाई बढ़ जाएगी, जिससे डीलर को भी अपने निवेश पर बेहतर रिटर्न मिलेगा। पुस्तक में आगे इसकी विस्तृत जानकारी दी गयी है।

यहां ध्यान देने योग्य बात है कि ई-रिक्शा चालक ही इसके अंतिम उपभोक्ता हैं, जो रिक्शे को खरीदकर या भाड़े पर लेकर चलाते हैं और अपना जीवनयापन करते हैं। अत: इसका सही दाम लगाना चाहिए। निवेश पर रिटर्न भी उत्पाद का दाम तय करती है। डीलर और होलसेलर के तय दाम ही उनकी बिक्री को निर्धारित करते हैं, जो बदले में निवेश पर रिटर्न की दर को तय करते हैं! अत: यहाँ केस उल्टा है। बेचे जाने वाले ई-रिक्शे का मूल्य निर्धारण, इस उद्योग के मानकों के अनुरूप होना चाहिए। ऐसा इसलिए है क्योंकि एक डीलर के पास ग्राहकों से उसके द्वारा वसूले जाने वाले मूल्य को बढ़ाने के कम अवसर हैं, क्योंकि अधिक कीमत वसूलने से ग्राहक बाजार में उपलब्ध अन्य विकल्प चुन लेगा। एक उत्पाद ग्राहकों की मांग को जिस हिसाब से पूरी करे, उसका दाम भी उसी हिसाब से तय करना चाहिए। अर्थात ई-रिक्शा का मूल्य ग्राहक से वसूली गई कीमत के अनुरूप ही होना चाहिए। ऐसे प्रतिस्पर्धात्मक बाजार में निवेश करते वक्त डीलर के मन में भय बना रहता है।

आपूर्ति श्रृंखला के हर स्तर पर लागों को उनके द्वारा किए गए निवेश के अनुसार रिटर्न मिलना जरूरी है, ताकि ग्राहकों को सही दाम पर उत्पाद मिल सकें।

निवेश का रिटर्न इस बात पर भी निर्भर करता है कि व्यवसाय में पूँजी कैसे लगायी गयी है, अर्थात यह पूँजी मालिक के फंड से भी से लगी हो सकती है या फिर लोन लेकर भी यह पूँजी लगाई जा सकती है। हालाँकि अधिकतर बिज़नेस लोन लेते वक्त ऋणदाता अपनी सुरक्षा के लिए कर्जदार की कुछ संपत्ति गिरवी रख लेता है। इस संपत्ति को सुरक्षा के तौर पर गिरवी रखने के पीछे यह उद्देश्य होता है कि यदि कर्जदार किसी कारणवश लोन को वापस चुकाने में असमर्थ रहे तो उस केस में उस संपत्ति से अपने लोन की भरपाई कर सके।

जहां एक तरफ बिजनेस लोन मिलना कठिन है, वहीं लघु उद्योग की वित्तीय सहायता के लिए यह सबसे सुलभ एवं कॉमन तरीके के रूप में उभर कर सामने आया है। यहां कुछ समानान्तर मुक्त लोन भी मौजूद हैं, जिनकी शर्तें और नियम, अलग-अलग बैंकों और वित्तीय संस्थाओं में भिन्न-भिन्न हैं। बैंक डीलर का अतीत, बिज़नेस के लिए उधार ली गई पूँजी और आय, भी देख सकती है। यहां लघु उद्योग के लिए लोन लेना आसान है। जहाँ लोन प्राप्त करना कठिन कार्य है, वहां बिज़नेस की बढ़ोतरी के लिए एक सुरक्षित लोन लेना भी उतना ही जरूरी है और उस लोन पर लगने वाला व्याज भी देना जरूरी है। सही मायनों में जितनी ज्यादा ब्याज भरी जायेगी, निवेश पर रिटर्न भी उतना ही कम मिलेगा। यदि किसी को शंका है तो इसके लिए एक स्वतंत्र मूल्यांकन करवाना ज्यादा बेहतर रहेगा।

इस बिज़नेस को शुरू करने से पहले एक पुख्ता व्यापार रणनीति बनानी होगी, जिसमें बिज़नेस के लाभ का भी आंकलन करना होगा। यह लाभ बहुत से ऐसे कारकों पर निर्भर करता है जिन्हें शायद निवेश पर रिटर्न के समय भी पता नहीं लगाया जा सके।

बिज़नेस के सिद्धांत तय करनाः-

1. एक नए व्यापार को शुरू करने का पहला कदम होता है, सिद्धांत तय करना। इसे तय करते वक्त दिमाग में कई चीज़ों को रखना पड़ता है, जिसमें निवेश के लिए अपेक्षित पूँजी की मात्रा सबसे प्रमुख है। निवेश पर अपने रिटर्न की गणना करते वक्त मुझसे इस पूरे बिजनेस सिद्धांत को समझने में भूल हो गई। अपनी पूँजी के निवेश पर मैं कितना लाभ कमा पाऊंगा, इसका हिसाब लगाने में ही मैंने गलती कर दी। हालाँकि औसत दाम प्रति ग्राहक (इसमें भविष्य के विकास की योजना भी शामिल होनी चाहिए), किसी भी उपभोक्ता द्वारा एक उत्पाद पर किए गए औसत खर्च का अंदाजा देता है। इसी के आधार पर एक बिज़नेस प्लान बनाना चाहिए–

2. **प्रारंभिक निवेश तय करनाः** पूँजी की कमी ई-रिक्शा के धंधे को शुरू करने में अड़चन डाल सकता है। पूँजी आमतौर पर इन तीन तरीकों से एकत्रित की जा सकती है–

    i. **सेल्फ फंडिंगः** इसे मालिक की पूंजी भी कहते हैं। इसमें डीलर स्वयं की पूंजी लगाता है।

    ii. **लोनः** बैंक अथवा अन्य वित्तीय संस्थाओं से लोन (औपचारिक या अनौपचारिक) लिया जा सकता है।

    iii. **एंजेल निवेशः** निवेशकों को अपनी ओर लाकर भी धन एकत्रित किया जा सकता है।

3. **व्यापार चलाने को जरूरी धनः** इन सारे खर्चों का सही विश्लेषण कर लेना चाहिए और इन खर्चों को योजनाबद्ध तरीके से करना चाहिए। सारे ऊपरी खर्चों को भी ध्यान में रखना चाहिए।

4. **किरायाः** किराया कभी भी आमदनी (आय) के 10% से अधिक नहीं होना चाहिए-

    i. **उपकरण और स्पेयर पार्ट्सः** बिक्री के तुरंत बाद सर्विस देने के लिए कुछ स्पेयर पार्ट्स और उपकरण मौजूद होने चाहिए।

    ii. **लाइसेंसः** मार्केटिंग में किसी को भी अपनी पूँजी का 1 से 2 प्रतिशत से ज्यादा भाग नहीं लगाना चाहिए। इसे ज्यादा लोगों तक पहुँचाने के लिए ऑनलाइन और ऑफलाइन दोनों माध्यमों के बीच एक सामंजस्य स्थापित करना चाहिए।

5. **जगह का चुनावः** ई-रिक्शा का शोरूम और वर्कशॉप का स्थान भी सफलता के लिए एक महत्वपूर्ण भूमिका अदा करता है। प्रतिद्वंद्वी के हिसाब से शुरुआत में ही जगह चुन लेना बेहतर होता है। वर्कशॉप भी ग्राहक की सुविधानुसार जगह पर होनी चाहिए। इससे बिक्री के बाद सर्विस देने में आसानी होगी।

6. **जरूरी मानवीय श्रमः** सही तकनीशियन का चुनाव और उन्हें साथ बनाए रखना, एक सबसे कठिन चुनौती है। यहां तीन तरह की भर्तियाँ की जाती हैं:

    * सेल्स टीम

    * मार्केटिंग टीम

    * बिक्री के बाद की टीम

7. बिज़नेस की मांग और कार्य के स्तर के आधार पर ही प्रत्येक टीम लोगों को काम पर रखती है।

8. **टेक्नोलॉजी या रूप का चुनावः** इस बात को हम नज़रअंदाज़ नहीं कर सकते हैं कि टेक्नोलॉजी एक महत्वपूर्ण योगदान देता है। इस बात को ध्यान में रखना होगा कि ई-रिक्शा पुरानी टेक्नोलॉजी

का न हो। हमारे केस में, सस्ती गुणवत्ता वाले ई-रिक्शा के चुनाव ने हमारे निवेश के रिटर्न पर भारी नुकसान करवाया। सस्ते ई-रिक्शा की हमारी डीलरशिप के कारण पहले महीने हमारी बिक्री बहुत अच्छी रही। लेकिन बाद में कुछ ग्राहक (जो शायद रिक्शाचालक रहे होंगे) बाजार में अन्य ग्राहकों से मिले, तो उन्होंने अपने-अपने रिक्शे के बारे में बात-चीत की, जिससे हमारे ई-रिक्शा कंपनी का नाम बाजार में ख़राब हो गया। आगामी महीनों में इस नकारात्मक छवि के कारण हमारी बिक्री काफी कम हो गई। अत: अनपेक्षित रूप से हमारे निवेश पर रिटर्न कम हो गया जिसके कारण हमें काफी नुकसान उठाना पड़ा।

हालांकि किसी व्यापार को ख़ाक से शुरू करना एक अच्छी बात है, लेकिन यह थोड़ा कठिन काम है। व्यापार करते समय बहुत से कारकों को ध्यान में रखना पड़ता है। ये करक समय के साथ या फिर व्यापार करते सयम बदल सकते हैं। इसलिए यह जरूरी है कि लोग समय-समय पर निवेश पर अपेक्षित रिटर्न का पुनरीक्षण कर लें। शुरुआत में यह परीक्षण त्रैमासिक या अर्धवार्षिक रूप से करना चाहिए और बाद में यह वार्षिक तौर पर करना चाहिए।

जोखिम भरी कंपनी में निवेश के रिटर्न पर बहुत खतरा बना रहता है। एक डीलर जो किसी बिज़नेस में अपनी पूँजी और समय निवेश करता है, उसे निश्चित ही लाभ की अपेक्षा होती है। लंबे समय तक अपने व्यापार में बने रहने के लिए यह बहुत जरूरी है। इसके अलावा एक जोखिम भरी कंपनी के लिए निवेश के रिटर्न से जुड़े खतरे बढ़ जाते हैं, जिसके परिणामस्वरूप उसका लाभ भी बढ़ जाता है।

इसके बारे में हम अगले अध्याय में चर्चा करेंगे।

अध्याय-2

जोखिम भरी कंपनी का चुनाव

इस पुस्तक ने मुझे किसी हल्की कंपनी से जुड़ने से बचा लिया। अब मैं 4 लाख रुपये महीना कमा रहा हूँ।

–प्रवीण शर्मा, मध्य प्रदेश

बिज़नेस चलाना बच्चों का खेल नहीं है। हर बिजनेस को चलाने में कई खतरे जुड़े होते हैं। ये संभावित खतरे ई-रिक्शा के व्यापार को हानि पहुँचा सकते हैं या इसे तबाह भी कर सकते हैं। नए स्टार्ट अप संगठन में यह दिक्कत आ सकती है, क्योंकि वे अपने व्यवसाय के संभावित खतरों को नहीं देख पाते हैं। यहाँ की हुई गलती एक बिज़नेस का खात्मा करने वाली साबित होगी, और हमने यहीं पर दूसरी गलती कर दी। अगर इन खतरों का सही से विश्लेषण किया जाए, तो बिज़नेस का एक बेहतर खाका तैयार किया जा सकता है, और अपने बिजनेस को बर्बाद होने से बचाया जा सकता है।

किसी बिज़नेस को शुरू करते वक्त एक डीलर को नुकसान का डर सताता है। उसे सिर्फ पैसों का ही नहीं, बल्कि सम्मान, आदर, और बाजार में साख का निजी नुकसान होने का डर रहता है। डीलर का परिवार भी इससे प्रभावित होता है।

निवेश करते वक्त डीलर के मन में कई सवाल होते हैं। अपने व्यापार से संबंधित खतरों को लेकर वह चिंतित रहता है। ऐसे कुछ जोखिम (खतरे) जिनसे डीलर चिंतित रहते हैं निम्नलिखित हैं-

- **किसी जोखिम भरी कंपनी से जुड़ना:** यहाँ डीलर को लगता है कि उसकी पूँजी सुरक्षित नहीं है। एक जोखिम वाली कंपनी, डीलर की निवेश की हुई पूँजी को सुरक्षित रखने में लिए ज्यादा मदद नहीं करती। इसलिए इनमें घाटा होने के ज्यादा आसार होते हैं।

- **अगर बिक्री कम है:** एक डीलर जब अपने बिक्री की लक्ष्य को प्राप्त नहीं कर पाता है तो वह अपने-आप को असुरक्षित महसूस करने लगता है। ऐसे समय में, डीलर आश्वस्त नहीं रहता है कि बिक्री कम होने पर कंपनी उसकी कोई मदद भी करेगी।

- **अगर यह एक जोखिम भरे उद्योग में काम कर रहा है:** जब मैंने शुरुआत की, उस समय ई-रिक्शा का उद्योग नया था और फल-फूल रहा था। शुरुआत में मैंने अनुभवों से सीखना चाहा। वैसे उस समय बाजार में ज्यादा लोग या ज्यादा व्यवसायी नहीं थे। जो थे, वे भी नए थे और बाजार की प्रवृत्ति से सीखे रहे थे। **सबसे पहले ICAT से मान्यता प्राप्त करने वाले लोगों में हम भी शामिल थे, साथ ही देश के सबसे पहले ई-रिक्शा पर नंबर लिखवाने वाले भी हम ही थे।** इस व्यापार से जुड़े खतरों का अंदाज लगाने में हम असमर्थ थे।

अत: निवेश करने से पहले यह बेहद जरूरी है कि डीलर अपनी सारी शंकाओं का निवारण कर ले। व्यापार में निवेश करने वाला हर डीलर, लाभ की आशा रखता है। अगर उसकी कमाई नहीं हुई, तो वह बाजार में शायद खुद को और अपने व्यापार दोनों को ही नहीं

बचा पाएगा। नुकसान के समय जो कंपनी उसकी मदद न कर पाएगी, एक डीलर वैसी कंपनियों से जुड़ने से डरता है।

एक सफल डीलरशिप के लिए एक मजबूत नींव रखनी होगी। वरना, लोग सफलता से शुरुआत करेंगे, और बीच में, निवेश पर रिटर्न के गलत आंकलन और उन्हें पाने से जुड़े खतरों के कारण कुछ व्यापारिक फैसलों के चलते उन्हें परेशान होना पड़ सकता है। उदाहरणस्वरूप, अगर एक डीलर 10 लाख की पूँजी लगा कर एक शोरूम खोलता है, तो उसे अपने व्यापार को चलाने के लिए, इसके बदले कुछ तो मिलना चाहिए। अगर वह डीलर किसी अच्छी कंपनी से न जुड़ा हो, तो ऐसा नहीं होगा, यानी उसे कुछ नहीं मिलेगा। अत: निवेश करने से पहले यह जरूरी है कि डीलर कंपनी द्वारा अपनी पूँजी पर दी गई सुरक्षा सुनिश्चित कर लें। उत्पादक की ओर से मनचाही सहायता न मिलने पर, डीलर उपेक्षित महसूस करेगा।

व्यापार से जुड़े खतरों को तार्किक रूप से समझना बहुत जरूरी है। व्यापार के विस्तार के बारे में सोचे बिना, डीलर को उससे जुड़े खतरों को प्राथमिकता देनी होगी। यह कार्य संभावित क्षति के आधार पर किया जा सकता है जिसका लगाई गई पूंजी पर हमेशा खतरा बना रहता है।

अत: आगे बढ़ने से पहले इन खतरों का विश्लेषण करना बहुत जरूरी है। ई-रिक्शा के मामले में डीलर कई संभावित खतरों का सामना करता है। नुकसान का यह डर ही एक डीलर को किसी प्रोजेक्ट में निवेश करने से रोक देता है। निवेश करते समय, इस जोखिम के निम्नलिखित दो पहलुओं पर विचार करना चाहिए—

1. **जोखिम टालना:** खराब ई-रिक्शा से बचें क्योंकि इनमें नुकसान की ज्यादा संभावना होती है। झूठे वादे करने वाली कंपनियों से भी लोगों को बचना होगा। आगे बढ़ने से पहले कंपनी की मान्यता जाँच लें।

2. **नुकसान को कम करें और उससे बचें:** इसका अर्थ है कि जोखिमों के असर को कम कर दें और इस पर कार्य करें। हमारे केस में, सस्ती गुणवत्ता वाले उत्पाद बेचने के कारण, बाजार में हमारी साख दाँव पर लग गई थी। हमने संज्ञान लिया, और व्यापार में आगे नुकसान से बचने के लिए उत्पाद की गुणवत्ता को बदला।

किसी भी व्यापार को शुरू करते वक्त, सारे व्यापारियों को अपने निवेश की सुरक्षा को लेकर मन में एक दुविधा सी रहती है, और एक जोखिम भरी कंपनी से जुड़ने पर इसमें (दुविधा में) और इजाफा हो जाता है, क्योंकि नुकसान के समय यह जोखिम भरी कंपनी डीलर की मदद नहीं कर पाएगी।

डीलर को निवेश करते वक्त भी झिझक महसूस होती है। डीलर को नुकसान की संभावना, नुकसान के वक्त जरूरी मदद न मिलने, और डीलर द्वारा बिक्री नहीं होने पर कंपनी द्वारा बताए गए हल, इन सब बातों को लेकर डीलर के मन में भय बना रहता है। डीलर इन कारणों से अपने आपको असुरक्षित महसूस करता है–

- आरंभ में दी गई सहायता,

- मनचाही बिक्री न होने पर दी गई सहायता,

- पूँजी की सुरक्षा और इसके लिए कंपनी द्वारा किए गए उपाय।

डीलरशिप लेने से पहले एक मजबूत नींव रखना जरूरी है। डीलरशिप लेते वक्त सही कंपनी चुनने में सतर्कता बरतनी होगी। यहाँ (इस व्यापार में) सफलता के आसार हैं। मगर ये भी आसार हैं कि हो सकता है कि 10 लाख की यह पूँजी लगाने के बाद भी कुछ समय तक भी लोगों का व्यापार न चल पाए। ऐसे समय में किसी भी कंपनी के लिए यह बहुत नुकसानदेह स्थिति साबित होगी।

अतः डीलरशिप लेते समय सावधानी बरतना अति आवश्यक है। डीलरशिप लेते वक्त निम्न बातों को ध्यान में रखें–

1. **पुराना ही सबसे बेहतर है:** पुरानी कंपनियों को इस क्षेत्र में बेहतर अनुभव है। वे व्यापार से जुड़े जोखिमों को बेहतर तरीके से कम कर सकते हैं। अतः 7 से 8 साल के अनुभव वाली कंपनियों के साथ काम करना सुरक्षित होता है।

2. **शत्-प्रतिशत् (100%) पैसा वसूल गारंटी:** डीलरशिप लेते वक्त किसी को पता नहीं होता है कि कंपनी से खरीदा गया ई-रिक्शा पहले त्रैमास में बिकेगा या नहीं, या उसे कितना मुनाफा होगा। सुरक्षा देने के ख्याल से, कंपनियाँ 100% पैसा वापसी की भी गारंटी देती हैं। कंपनी अपना सारा माल वापिस ले लेगी, अगर डीलर उसे बेचने में असमर्थ रहा। इससे आपकी पूँजी के सुरक्षित होने का विश्वास बना रहता है और आप किसी बड़े नुकसान से बच सकते हैं। ऐसा होने से काम नहीं चलने पर आप व्यापार छोड़ भी सकते हैं।

3. **जल्दी माल पाना:** कभी-कभी कंपनियाँ अग्रिम में भुगतान ले लेती हैं और समय पर माल देने में असमर्थ हो जाती हैं। इसका मतलब है कि यह एक जोखिम भरी कंपनी है। अग्रिम भुगतान के दो से तीन दिन के अंदर उत्पाद मिल जाना चाहिए। ऐसी कंपनी के साथ काम करना ज्यादा अच्छा होगा क्योंकि उसके साथ काम करने से पैसा ज्यादा सर्कुलेट होगा जिससे कारोबार अधिक होगा और इसलिए निवेश पर रिटर्न भी ज्यादा मिलेगा।

4. **बाजार में कंपनी की सकारात्मक छवि:** सही सूत्रों के माध्यम से कंपनी की मान्यता की जाँच कर लेनी चाहिए। लोगों को उस कंपनी और उसके उत्पाद के बारे में, बाजार से गहन जानकारी जुटानी चाहिए। वे उस कंपनी की सहायता

और अन्य बातों के लिए मौजूदा डीलर्स से भी बात कर सकते हैं। अगर सारी समीक्षाएँ सकारात्मक निकलें, तो लंबे समय के लिए इस कंपनी में आसानी से निवेश कर सकते हैं।

5. **सब कुछ लिखित में रखें:** डीलर और कंपनी के बीच के सारे अनुबंध लिखित रूप में होने चाहिए। इससे एक अभिलेख मौजूद रहता है और इन वायदों को पूरा करना कंपनी की मौलिक जिम्मेदारी बन जाती है। हालाँकि, यह लिखित समझौता इसलिए भी आवश्यक है, ताकि कंपनी अपने किए गए वायदे से मुकर न सके।

6. **कंपनी को पारदर्शी होना चाहिए:** छुपे हुए तथ्य, व्यापार में मुश्किलें खड़ी कर सकते हैं। किसी भी अनुबंध की छुपी हुई बातें खतरनाक साबित हो सकती हैं। अपने दाम, बिक्री की स्कीम और बैकअप की स्कीम को लेकर एक कंपनी को पारदर्शी होना चाहिए। बेहतर पारदर्शिता उस कंपनी के प्रति डीलर को आकर्षित करती है।

इन सब बातों को ध्यान में रखते हुए, लोग खुद को जोखिम वाली कंपनी से बचाने में सफल रहेंगे।

अध्याय-3

सस्ते उत्पाद का चुनाव

मैं 6 साल से ई-रिक्शा डीलर हूँ। यह पुस्तक पढ़ने के बाद मुझे एहसास हुआ कि मैंने सस्ते के चक्कर में माल तो खूब बेचा पर अच्छा मुनाफा नहीं कमाया। इस पुस्तक ने मेरे जीवन को बदल कर रख दिया।

—सोनू सिंह, पंजाब

"अगर मैंने एक व्यापार की शुरुआत की है, तो अपने व्यापर में मैं बहुत लाभ कमा लूँगा।" सारे महत्वाकांक्षी व्यापारी इसी सोच से शुरुआत करते हैं, और मैं भी उनमें से एक था। अपने बिज़नेस के करियर की शुरुआत के समय मैंने ई-रिक्शा के अलावा और भी कई उत्पादों की डीलरशिप के बारे में पता किया था। अन्तत: मैंने ई-रिक्शा डीलरशिप के बारे में बाजार में खोजबीन शुरू की और मुझे बाजार में मौजूद कई प्रकार के ई-रिक्शों के बारे में पता चला।

शुरुआत में मेरा झुकाव सबसे सस्ते ई-रिक्शे को खोजने की ओर था, ताकि मैं अपना मुनाफा बढ़ा सकूँ। मैंने इस विषय पर कई रिक्शा कंपनियों से विस्तारपूर्वक चर्चा भी की। इस चर्चा में मैंने इस उत्पाद को तकनीकी रूप से जाना, संभावित ग्राहकों के नजरिए से बाजार का हाल, उनकी मनोवृत्ति, जरूरतें और उत्पाद के लिए उनकी

आकांक्षाएँ, एवं उद्योग का हाल जाना, ताकि औसत मुनाफे का पता चल सके। जब एक बार मुझे इन मूल बातों का पता चल गया, तब मैंने ई-रिक्शा उत्पादकों के साथ दूसरी बार मीटिंग रखी। अपनी डीलरशिप के लिए कंपनी को तय करने के इरादे से मैंने यह मीटिंग की। इस कंपनी को चुनने का आधार था– "ई-रिक्शा का दाम"। इस मीटिंग में हमने बहुत मोल-भाव किया, क्योंकि मेरा फोकस दाम पर था और क्योंकि सबसे कम दाम का अर्थ होता–ज्यादा मुनाफा। उत्पाद की मजबूती, बिक्री के बाद की सुविधाएँ, स्पेयर पार्ट्स की उपलब्धता, इन सारी बातों को नजरअंदाज करके मैंने उस कंपनी का चुनाव किया, जो सबसे कम दाम में ई-रिक्शा बेच रही थी। मैंने डीलरशिप लेते वक्त, दाम को सबसे ज्यादा महत्व दिया जिसके कारण आरंभ में ही मैंने व्यापार में मात खाई और यहीं मैंने अपनी तीसरी बड़ी गलती कर दी।

व्यवसाय अच्छी तरह से शुरू हुआ और शुरुआत के कुछ महीनों में बिक्री बढ़ गई, क्योंकि उस समय ई-रिक्शो का उद्योग नया था और तेजी से बढ़ रहा था। बड़े शहरों में ई-रिक्शा एक नया पर्यावरणशील कान्सेप्ट था। चूँकि ई-रिक्शा ट्रैफिक से फैलने वाले प्रदूषण से निपटने के लिए एक अच्छा विकल्प था तथा ऑटो रिक्शा से सस्ते भाड़े वाला, और साइकिल-रिक्शा से ज्यादा तेज होने के कारण, जन परिवहन के लिए ई-रिक्शा को तेजी से अपना लिया गया। साइकिल-रिक्शा चालक अपनी माली आर्थिक हालात के बावजूद ग्राहकों की इस बदलती मानसिकता को समझ रहा था और जल्दी ही अपने रिक्शो को ई-रिक्शा से बदलने की सोच रहा था। उसे ई-रिक्शा पाने के लिए बेसब्री से आर्थिक मदद की तलाश थी। तो एक तरफ ई-रिक्शा की माँग बढ़ी हुई थी और दूसरी ओर बैंक भी छोटे व्यापार को लोन देने के लिए राजी थे। राजनैतिक वातावरण और विभिन्न पॉलिसी भी ई-रिक्शा की ओर लोगों के झुकाव को

बढ़ा रहे थे। इससे बैंकों को भी ई-रिक्शा चालकों को लोन देने के लिए मनोबल बढ़ा। कुल मिलाकर ई-रिक्शा की डीलरशिप के लिए एक अनुकूल और संपन्न वातावरण तैयार था। इसलिए व्यापार की शुरुआत में बिक्री आसान थी और तेजी से बढ़ रही थी।

अपने लिए नया ई-रिक्शा खरीदने वाले रिक्शा चालकों को हम पर भरोसा था और हमें भी विश्वास था कि हम उसकी मेहनत की कमाई पर सस्ते दामों में एक अच्छा उत्पाद दे रहे हैं। कुछ महीनों तक व्यापार स्थिर रहा और बिक्री बढ़ती गई। रिक्शा सस्ते थे और इसलिए हम प्रति ई-रिक्शा पर 15 से 20 प्रतिशत का मुनाफा कमा रहे थे। मगर, 4-5 महीनों के बाद चीजें बदलने लगीं। जैसे-जैसे ई-रिक्शे का उपयोग किया जाने लगा, वैसे-वैसे हमारे पास इस उत्पाद के बारे में शिकायतें आने लगीं। हमारे पास आने वाली शिकायतें निम्नलिखित थीं–

1. **बॉडी का टूटनाः** खराब दर्जे के ई-रिक्शे जो सड़क और मौसम की मार न झेल पाए।

2. मोटर और कंट्रोलर की परेशानी।

3. **सुरक्षा की दिक्कतेंः** ड्राइवर और सवारी, दोनों की सुरक्षा की चिंता थी। लेग गार्ड न होने के कारण, ड्राइवर के लिए यह ई-रिक्शा बहुत खतरनाक था।

4. **खराब माइलेजः** इसे चार्ज होने में अधिक समय लगता था।

5. बिक्री के बाद कोई सर्विस सेंटर न होने के कारण वारंटी के कोई पुर्जे नहीं मिल पाते थे।

6. अमूमन हर हफ्ते एक बड़ी सर्विसिंग की जरूरत पड़ती थी।

7. खराब दिखावट।

8. दूसरे रिक्शों के जंग रोधक पेंट के मुकाबले इसके पेंट की खराब गुणवत्ता।

9. ई-रिक्शा में लगाए गए सस्ते माल और पुर्जे जिनमें शोकर्स, इलेक्ट्रिकल फिटिंग और सीट शामिल हैं।

ये शिकायतें बार-बार और तेजी से आने लगीं। एक महीने के भीतर शिकायतों का बोझ तिगुना हो गया, और हम समझ ही नहीं पा रहे थे कि अचानक से क्या गलत होने लगा और हम क्या करें? बिक्री के बाद की हमारी सर्विस इस हाल में नहीं थी कि जो इन शिकायतों के दिन-ब-दिन बढ़ते बोझ को झेल पाती। हम प्रतिदिन रिक्शा उत्पादक से इन शिकायतों को सुलझाने और इसका कोई उपाय बताने के बारे में बात कर रहे थे। एक तरफ उत्पादक से मेरे रिश्ते खराब हो रहे थे और दूसरी ओर मैं अपने ग्राहकों का विश्वास खो रहा था। एक ऐसा व्यापार जिसमें कुछ महीने पहले मैं मुनाफे में था, आज अचानक से मैं एक कोने में पड़ा, दोनों हाथों से लुट रहा था। जल्द ही मुझे समझ में आ गया कि मैंने सस्ते के चक्कर में आकर खराब माल उठा लिया है।

सस्ते माल से अपना मुनाफा दोगुना करने के मेरे विचार से यह व्यापार बिगड़ गया जो कि बाजार में मेरा नाम खराब कर रहा था। मैं उत्पादक तक ग्राहकों की शिकायतें पहुँचा कर किसी तरह बात को संभाल रहा था। हर दिन एक रस्साकशी की स्थति बन गई थी जहाँ मैं उत्पादक और ग्राहक के बीच बुरी तरह से फंस चुका था। एक तरफ से उत्पादक मुझे लटका रहा था, तो दूसरी ओर ग्राहक मुझे खींच रहे थे। उत्पादक की इस लापरवाही और बिक्री के बाद तकनीकी मदद देने की असमर्थता के चलते, मैंने इस कंपनी से डीलरशिप के अपने निर्णय पर पुनर्विचार किया। मैं मन ही मन विश्लेषण कर रहा था कि इतने शोध और भागा-दौड़ी के बावजूद आखिर गलती कहाँ हुई। इन सब विचारों के बीच मैंने इस उत्पादक से आगे माल खरीदना बंद कर दिया।

मुझे समझ में आ गया कि दाम को लेकर मोल-भाव करने और मुनाफा बढ़ाने से ज्यादा, मुझे उत्पाद की गुणवत्ता पर ध्यान देना चाहिए था। मेरा ध्यान इन बातों पर होना चाहिए था–

- **कंपनी का प्रबंधन:** उत्पादक के मूल व्यापारिक गुण और नीति, उनकी तकनीकी जानकारी, उनके निचले और शीर्ष प्रबंधक।

- **उत्पाद का टिकाऊपन:** उत्पादन में प्रयुक्त कच्चे माल का टिकाऊपन, उनके उत्पादन केंद्र में स्थापित तकनीकी वर्कशॉप, उत्पादन के दौरान गुणवत्ता जाँचने के तरीके।

- **सेल्स की रणनीति:** उत्पादक की सेल्स रणनीति तथा बाजार में उसकी पहुँच।

- **बिक्री के बाद की सहायता:** ग्राहक की सहायता हेतु प्रबंध, उत्पाद के वारंटी की पॉलिसी, ई-रिक्शा बदलने और लौटाने की पॉलिसी।

जैसे ही मुझे इन उपर्लिखित बातों का महत्व समझ में आया, मैंने तुरंत ही अपनी डीलरशिप रद्द कर दी, लेकिन जल्द ही मैंने महसूस किया कि ई-रिक्शा का बाजार गर्म है और इसलिए मुझे उत्पाद नहीं बदलना चाहिए। मुझे इसी उत्पाद के लिए नए उत्पादक की तलाश शुरू कर देनी चाहिए। अत: अब मुझे एक नए उत्पादक की तलाश थी। इस बार मैंने तय किया कि लुभावने उत्पाद खोजने की जगह एक ऐसे उत्पाद की तलाश करूँगा, जिससे ग्राहक ज्यादा संतुष्ट हों।

भले ही मेरा पिछला अनुभव थोड़ा कड़वा था, मगर इससे मुझे बहुत सीख मिली और इसने मेरी सफलता की नींव रखी। पिछले कुछ महीनों में मैंने ग्राहक के तौर पर आने वाले ई-रिक्शा चालकों का अलग-अलग तरह से सामना किया। रिक्शा खरीदते वक्त वे एक खुशहाल ग्राहक की तरह आए थे। रिक्शा खराब होने पर वे अपनी

मुश्किलें लेकर आए। बाद में वे गुस्सैल ग्राहक के रूप में भी आए थे। इन सबसे मुझे ग्राहकों की मनोवृत्ति, उनकी दिक्कतें, जरूरतें, रवैये और जानकारी के बारे में पता चला।

अक्सर ई-रिक्शा के असली उपभोगकर्ता व अशिक्षित ई-रिक्शा चालक होते हैं, जिन्हें कोई तकनीकी जानकारी नहीं होती है, जबकि ई-रिक्शा एक तकनीकी उत्पाद है जिसे लगभग 80 पुर्जों को जोड़कर बनाया गया है। खरीदने के वक्त वे इतने सक्षम नहीं होते हैं कि इसकी गुणवत्ता जाँच सकें। वे डीलर पर पूर्ण विश्वास के साथ ही ई-रिक्शा खरीदने आते हैं और अपनी जिंदगी भर की जमा पूँजी को दाँव पर लगाने को तैयार रहते हैं। वे कई बार सच्ची कहानियाँ सुनाते हैं कि इसे खरीदने के लिए कितनी मेहनत से उन्होंने पैसा जमा किए हैं। उनकी कहानियों से दिल पसीज जाता है और उससे हमारे अंदर एक जिम्मेदारी का भाव जाग उठता है। अत: घटिया गुणवत्ता वाले ई-रिक्शा बेचना मानो उनके साथ विश्वासघात करने जैसा है। ई-रिक्शा डीलर का कर्त्तव्य है कि वह ग्राहकों का न केवल बिक्री के दौरान, मगर बिक्री के बाद भी उनका मार्गदर्शन करता रहे। अत: ई-रिक्शा की डीलरशिप में लंबे समय तक ग्राहकों से रिश्ता बनाए रखना होता है और इसलिए उनका विश्वास बनाए रखना भी बहुत जरूरी होता है। अत: अगला काम मैंने यह ऐसे किया कि एक ई-रिक्शा उत्पाद को तलाशा, जो अपने उत्पाद की तकनीकी रूप से समझ रखता हो और जिसकी आफ्टर-सेल्स टीम अच्छी हो।

अपने पिछले अनुभवों को आधार बनाकर, मैंने ग्राहक की संतुष्टि और सफल डीलरशिप पर अपना ध्यान केंद्रित किया। हमने बाजार में एक सर्वेक्षण किया और हम सौ से भी ज्यादा डीलरों से मिले। इस सर्वेक्षण से पता चला कि सफल कंपनियाँ इसलिए बेहतर कर रही हैं क्योंकि वे अच्छी गुणवत्ता वाले उत्पाद बेच रही हैं। केवल सस्ते और घटिया उत्पाद बेचने पर कंपनी का नाम खराब होता है।

इस सर्वेक्षण से हमें यह भी पता चला कि जहाँ एक ओर सस्ते उत्पाद खरीदना इस समस्सया का कोई स्थाई हल नहीं है, वहीं दूसरी ओर एक यथोचित दाम का उत्पाद खरीदना भी उतना ही महत्वपूण है। इसे मैं एक रोजमर्रा के उदाहरण से समझाता हूँ। मान लीजिए, खाद्सामान जैसे 'बासमती' चावल कई दुकानों में 80 रुपये प्रति किलो की दर से मिलती है। अगर कोई मोल-भाव करके कहीं से यह चावल 60 रुपये प्रति किलो के दर से खरीद ले, तो निश्चित ही यह अच्छा सौदा होगा, क्योंकि उसने यही सामान सस्ते दाम पर खरीद लिया है। मगर ई-रिक्शा के केस में ऐसा नहीं है। यह एक तकनीकी उत्पाद है और इसमें गुणवत्ता की आवश्यकता है। सस्ते विकल्पों की तलाश में लोग ज्यादा दिन तक इस बाजार में सफल नहीं हो पाएँगे। बाजार में बने रहने के लिए, वैसे उत्पाद बेचने चाहिए, जो एक अच्छा उत्पाद हो लेकिन उसका दाम भी यथोचित हो।

थोड़े समय के लिए तो सस्ते उत्पाद बहुत लाभ देंगे, मगर बाद में इनसे ब्रांड का नाम खराब होता है और ग्राहकों का विश्वास इनके ऊपर से उठ जाता है। केवल सस्ते दाम से किसी निर्माता कंपनी को आंकना हानिकारक साबित हो सकता है। अत: केवल सस्ते दाम की बजाय अच्छी गुणवत्ता और उचित दाम वाले उत्पाद ही बाजार में बेचने चाहिए।

अध्याय-4

उत्पाद की गुणवत्ता सुनिश्चित करना

ई-रिक्शा की गुणवत्ता क्या होती है? इसे कैसे परखना है? कैसे 500% की तरक्की करनी है? इस पुस्तक को पढ़कर मुझे यह सब पता चल गया। यह पुस्तक मेरे लिए एक वरदान साबित हुई है।

—अमन खट्टर, हरियाणा

किसी भी डीलरशिप की सफलता, उस व्यक्ति की व्यापारिक पृष्ठभूमि, पूँजी, इंफ्रास्ट्रक्चर, व्यापार का ज्ञान, सेल्स का नेटवर्क और कई अन्य बातों पर निर्भर करता है। इनमें से एक सबसे महत्त्वपूर्ण बात है–उस उत्पाद की गुणवत्ता, जिसकी डीलरशिप ली जानी है। आमतौर पर लोगों की आदत है कि इन सभी बातों को ध्यान में रखते हुए अपने उत्पाद की गुणवत्ता की बिना अच्छे से जाँच किए, वे आगे बढ़ जाते हैं। मैंने भी ऐसा ही किया। यही मेरी चौथी गलती थी।

यह पहले जानना बहुत जरूरी है कि डीलरशिप का असली मतलब क्या है। डीलरशिप एक संस्थान है, जिसे किसी सामान को बेचने अथवा खरीदने के लिए अधिकृत किया गया है। ई-रिक्शा की डीलरशिप लेने के कई सकारात्मक कारण हैं। वे कारण बहुत साधारण से हैं; जैसे बढ़ता ट्रैफिक, खतरनाक प्रदूषण आदि। राज्य और केंद्र

सरकारें भी इसे काफी बढ़ावा दे रही हैं। ऐसा लगता है कि यहाँ तो सफलता निश्चित है। मगर, जैसा यह दिखता है, असल में यह उतना आसान कार्य नहीं है। मैंने भी केवल गुणवत्ता को छोड़, उन अन्य सभी कारणों पर ध्यान दिया जो इस व्यापार को प्रभावित करते हैं। असर साफ था। मैंने उत्पाद की गुणवत्ता जाँचे बिना ही शुरुआत कर दी थी और इसके कारण भारी नुकसान झेलना पड़ा। अत:, मैं नीचे उन सभी चीजों के बारे में बता रहा हूँ, जिन्हें खासकर ई-रिक्शा की गुणवत्ता जाँचते वक्त ध्यान में रखना चाहिए–

1. **मजबूती:** ई-रिक्शा जितना मजबूत होगा, ग्राहक उतने ही खुश होंगे। चूँकि हम उतना मजबूत ई-रिक्शा नहीं बेच रहे थे, इसलिए बाजार में हमारे उत्पाद की बहुत शिकायतें आ रही थीं। इससे बाजार में हमारा नाम खराब हो गया। इस मजबूती को जाँचने के कई मापदंड हैं–

   - ई-रिक्शा उच्च श्रेणी की स्टील से बनाया गया हो, ताकि उसकी मजबूती बनी रहे।

   - यह सुनिश्चित करना होगा कि ई-रिक्शा में प्रयुक्त पाइप अच्छे किस्म का हो। भले ही यह CRC पाइप ही क्यों न हो, मगर हर हाल में यह एक अच्छी कंपनी का होना चाहिए। पाइप का जाल नहीं बनना चाहिए और यह अच्छी तरह से बैलेंस होना चाहिए।

   - ई-रिक्शा में कम से कम जोड़ होने चाहिए, अत: जिस ई-रिक्शा की डीलरशिप लेने की आप सोच रहे हों, उसमें सुनिश्चित कर लें कि वह एक जोड़ से ही बनाया गया हो।

   - रिक्शे की छत भी मजबूत होनी चाहिए।

   - ई-रिक्शा की मजबूती, उसमें लगे सामान और पुर्जों से ही दिख जाती है। डीलर्स को यह सुनिश्चित करना होगा कि रिक्शा चालकों को बढ़िया से बढ़िया चीज मिले।

2. **आरामः** यहाँ चालक और यात्री दोनों के आराम की बात है। सीट और पैर रखने की जगह दोनों को जाँचना जरूरी है। अच्छे शॉकर के लिए ई-रिक्शा में आगे और पीछे दोनों तरफ शॉकर्स लगे होने चाहिए। इसे भारतीय सड़क के झटकों से बचा कर एक आरामदेह सवारी देने के लिए लगाते हैं। सीटें गद्देदार होनी चाहिए। रात में सफर के लिए अंदर LED लाइट, लगाना जरूरी है, क्योंकि इससे यात्री सुरक्षित महसूस करते हैं। ई-रिक्शा चालक दिनभर लंबे समय के लिए ई-रिक्शा में रहते हैं, अतः उनके लिए भी ई-रिक्शा में सभी सुविधाएँ मौजूद होनी चाहिए। और उनके आराम का भी ध्यान रखना चाहिए। ई-रिक्शा में ऐसे अच्छे ब्रेक होने चाहिए जो ज्यादा जोर न लगाते हों, उन्हें लगाने से चालकों को आराम मिलेगा। दिन उसके लिए थकान भरा नहीं होना चाहिए। रिक्शा चालकों के लिए अतिरिक्त सुविधा भी देनी चाहिए, जैसे एक यूटिलिटी (उपयोगिता) बॉक्स होना चाहिए जिसमें वे अपना जरूरी सामान रख सकें।

3. **विद्युत फिटिंगः** अपने नाम के अनुरूप, ई-रिक्शा इलेक्ट्रिकल होते हैं। अतः इसमें की गई विद्युत फिटिंग इसकी दक्षता एवं प्रभाविता पर गहरा प्रभाव डालती है। अतः इन्हें सभी तरह के मौसम को झेलने के अनुकूल होना चाहिए। यह फिटिंग खराब से खराब मौसम झेलने में सक्षम हो और चालक एवं यात्रियों की सुरक्षा सुनिश्चित करे। अच्छी विद्युत फिटिंग सुनिश्चित करने के कुछ तथ्य इस प्रकार हैं-

- यह सुनिश्चित कर लें कि ई-रिक्शा की विद्युत फिटिंग में अर्थ प्रूफिंग है।

- इनके अंदर के तार जाँच लें। वे अग्निरोधक होने चाहिए। ये ऐसे हों कि बारिश के मौसम में ई-रिक्शा जब पानी के संपर्क में आए तो किसी को बिजली के झटके न लगें।

- बिजली की बर्बादी न हो।

- सब कुछ सही से जुड़ा होना चाहिए।

- कुछ ई-रिक्शों में सस्ते तार का प्रयोग किया जाता है, जिसकी वजह से, खरीदने के 3-6 महीने के अंदर ही दिक्कतें आने लगती हैं। खराब वायरिंग से ई-रिक्शा की चार्जिंग पर भी बुरा असर पड़ता है। इससे, इसके लागत की प्रभाविता पर असर पड़ता है। अत: तार अच्छी गुणवत्ता वाले एवं मजबूत होने चाहिए।

4. **स्वीकृत सामान का प्रयोग:** आजकल, ई-रिक्शा में चीनी सामान का बहुत ज्यादा प्रयोग हो रहा है। ई-रिक्शा की सुरक्षा, कुशलता और लंबे जीवन के लिए यह जरूरी है कि उसमें स्वीकृत सामान का ही प्रयोग किया जाए। यह तो साफ है कि चीनी सामान के उपयोग से इसकी लागत घट जाती है, मगर इससे ई-रिक्शा की गुणवत्ता पर बुरा असर पड़ता है। कुछ ई-रिक्शा कंपनियाँ, महंगा होने के कारण सरकार के तय मानदंडों से स्वीकृत माल को अपने ई-रिक्शा में नहीं लगाती हैं। मुनाफा बढ़ाना ही उनका मुख्य ध्येय है। इससे डीलर की साख पर असर पड़ता है। अत: बिक्री से कमाया मुनाफा घटने लगता है, जो कि लंबे समय तक और स्थिर मुनाफे के लिए कारगर साबित नहीं होगा।

यहाँ कुछ मापदंड हैं, जिनसे डीलर यह सुनिश्चित कर सकता है कि जो उत्पाद वह खरीदने वाला है, वे अच्छे और स्वीकृत मानक वाला है—

- रिक्शा के उत्पादन में प्रयुक्त सारे सामान, सरकार की रजिस्टर्ड एजेंसी द्वारा स्वीकृत हों।

- इसे पता करने के दौरान चौकस रहना होगा, क्योंकि कभी-कभी कंपनी सस्ते और देशी सामान लगा देती है और इससे ई-रिक्शा की माइलेज, सुरक्षा और गुणवत्ता पर असर पड़ता है।

- एक अच्छी कंपनी हमेशा लंबा और स्थिर मुनाफा चाहती है। भले ही असली पुर्जे लगाना थोड़ा महँगा पड़े, मगर इससे ई-रिक्शा की गुणवत्ता सुनिश्चित होती है, अत: एक अच्छी कंपनी केवल स्वीकृत सामान ही प्रयोग करेगी।

5. **ढाँचे की फिटिंग:** सुरक्षा की दृष्टि से ई-रिक्शा के ढाँचे की सही फिटिंग बहुत जरूरी है। किसी दुर्घटना से बचने के लिए ई-रिक्शा के सारे नट और बोल्ट का कसा होना बहुत जरूरी है। यहाँ सस्पेंशन एक महत्त्वपूर्ण भूमिका अदा करता है। अगर पुर्जे सही से न लगे हों, तो सड़क पर यह सही ढंग से नहीं चल पाएगा। इससे विकर्षण होगा और पुर्जे खराब हो सकते हैं। अगर सही फिटिंग न की गई, तो आगे जाकर मुश्किलें होंगी। ई-रिक्शा की डीलरशिप लेने से पहले यह अवश्य सुनिश्चित कर लें कि ई-रिक्शा में बहुत अच्छा सस्पेंशन हो ताकि उसमें झटके नहीं लगें। यह पता कर लेना चाहिए कि इसमें आगे या पीछे सस्पेंशन लगा है। आगे और पीछे एक अच्छा शॉकर, ई-रिक्शा और उसके पुर्जों का कार्यकाल बढ़ा देता है। अत: ई-रिक्शा में अच्छे शॉकर भी लगे होने चाहिए।

6. **ई-रिक्शा में यात्रियों की सुरक्षा:** यह सबसे महत्त्वपूर्ण बात है। किसी दुर्घटना में, यात्री और चालक की सुरक्षा का ख्याल रखना सबसे अधिक आवश्यक है। लोगों की सुरक्षा और ई-रिक्शा की मजबूती दोनों आपस में एक-दूसरे से जुड़े हुए हैं। एक अच्छा ई-रिक्शा, सुरक्षा के सभी मानदंडों पर खरा

उतरेगा। अत: ई-रिक्शा की आगे की तरफ की सुरक्षा काफी मजबूत होनी चाहिए।

- एक डीलर को यह सुनिश्चित करना होगा कि ई-रिक्शा में अग्निशमक लगा हो, जो आग लगने पर काम आए।

- चालक की सुरक्षा सर्वोपरि है। अगर वह सुरक्षित होगा, तभी वह अन्य यात्रियों को सुरक्षित रख पाएगा। उसे इस तरह बैठना चाहिए कि आगे से दुर्घटना होने पर, उसके घुटनों में चोट न आए और ई-रिक्शा ऐसा बना होना चाहिए कि अगर दुर्घटना हो तो चालक और यात्रियों पर न्यूनतम असर पड़े।

- यहाँ ई-रिक्शा का ढाँचा एक महत्वपूर्ण भूमिका अदा करता है। एक अच्छे ई-रिक्शा में अच्छा और मजबूत ढाँचा होता है, जो सुरक्षा प्रदान करता है। अत: ई-रिक्शा अच्छा होना चाहिए अर्थात मजबूत ढाँचे का होना चाहिए, ताकि चालक और यात्री दोनों सुरक्षित रह सकें।

  एक अच्छी ई-रिक्शा कंपनी अपने ई-रिक्शो में भारी ग्रिल लगाकर एक सुरक्षित एवं मजबूत ई-रिक्शा तैयार करती है और इस प्रकार वह यात्रियों की सुरक्षा सुनिश्चित करती है।

7. **रख-रखाव का चार्ट:** डीलर को कंपनी से ई-रिक्शा के रख-रखाव के बारे में पूछना और सुनिश्चित करना चाहिए। महँगे रख-रखाव (पैसे और समय दोनों के आधार पर) वाले ई-रिक्शा बाजार में नहीं चल पाएँगे। डीलर को कंपनी से एक रख-रखाव चार्ट की माँग करनी चाहिए और ई-रिक्शा चालकों को यह देना चाहिए, ताकि वे अपने रिक्शो का अच्छी तरह से रख-रखाव कर सकें। अगर वे इस चार्ट के हिसाब से

अपने रिक्शे का रख-रखाव करेंगे, तभी वे अपनी मासिक कमाई बढ़ा सकेंगे और समयानुसार अपने रख-रखाव के खर्च को कम कर सकेंगे। यहाँ बिक्री के बाद की मदद मायने रखती है। अच्छी आफ्टर सेल्स सर्विस, डीलर के प्रदर्शन पर एक सकारात्मक प्रभाव डालती है।

अगर एक कंपनी इन सारे मानदंडों पर खरी उतरती है, तो वह सही है क्योंकि यही मापदंड, ग्राहक को खुश करते हैं। एक संतुष्ट ग्राहक कई ग्राहकों को ला सकता है। इससे ई-रिक्शा कंपनी का नाम होता है और उसका सेल्स तंत्र मजबूत होता है। इन सारी बातों को सुनिश्चित कर लें, ताकि निवेश करते समय आश्वस्त रहें। सभी डीलरों को, खरीदे जाने वाले ई-रिक्शे की गुणवत्ता परखनी चाहिए और बाजार में उपलब्ध अन्य विकल्पों से तुलना करनी चाहिए। अन्य विकल्पों से तुलना करने पर एक अच्छा निर्णय करने में मदद मिलती है, और इस पर वे पूरी तरह से विश्वास कर सकते हैं। यह डीलरों को उन गलत कंपनियों से भी बचाएगा, जो घटिया उत्पाद बनाती हैं।

अगर कोई ई-रिक्शा की डीलरशिप लेने की सोच रहा है, तो सबसे अच्छी क्वालिटी का ई-रिक्शा चुनें। एक ऐसा ई-रिक्शा, जो बहुत अच्छी गुणवत्ता वाला हो। एक ऐसी कंपनी चुनें, जो उचित दाम पर विविध प्रकार के टिकाऊ ई-रिक्शा देती हो। इस कंपनी को इस क्षेत्र में 7 से 8 साल का अनुभव होना चाहिए, जो मजबूत एवं स्थाई डीलरशिप बनाने के लिए, अपने ग्राहक की हर संभव मदद करने को तैयार हो। कंपनी को ई-रिक्शा चालकों की भी मदद करनी चाहिए और बेहतर परिणाम के लिए उन्हें ई-रिक्शे का विवरण भी देना चाहिए।

एक सही डीलर, कंपनी को सफलता की ओर ले जा सकता है और बाजार में नेतृत्व कर सकता है। इसके विपरीत, गलत डीलर उस कंपनी को पीछे धकेल सकता है। इसका उल्टा भी सही है।

कई ऐसी कंपनियाँ हैं, जो ब्रांड का नाम और ग्राहक की संतुष्टि के लिए कई लुभावने ऑफर्स देती हैं। उनके बहकावे में नहीं आना चाहिए और I-CAT या भारत सरकार की वाहन टेस्टिंग और R&D की एजेंसी द्वारा अधिकृत कंपनियों से ही डीलरशिप लेनी चाहिए।

अगर ई-रिक्शा में लगा सामान अच्छा न हुआ, तो खरीदने के 3 से 6 माह के भीतर ही ई-रिक्शा में दिक्कतें आने लगेंगी। इससे ई-रिक्शा चालक पर खर्च का भारी बोझा आ जाएगा जबकि वह बेचारा अपनी दैनिक आय के लिए इस रिक्शे पर ही आश्रित है। इसके अलावा, इससे चालक और यात्रियों की सुरक्षा भी खतरे में पड़ जाएगी। उदाहरण के लिए, दुर्घटना होने पर, सस्ते सामान वाला ई-रिक्शा, एक अच्छे एवं मजबूत ई-रिक्शे के मुकाबले ज्यादा हानि पहुँचाएगा। आगे और पीछे अच्छे शॉकर एवं मजबूत ढाँचे वाला ई-रिक्शा, अन्य के मुकाबले ज्यादा झटके झेलेगा। हल्की गुणवत्ता वाला ई-रिक्शा बनाने पर भले ही निर्माता को फायदा हो, मगर इससे डीलर को नुकसान होता है। बार-बार की शिकायतें, नाम खराब करती हैं। अत: लंबी दौड़ में, बिक्री घट जाएगी और मुनाफा भी कम होने लगेगा। इसके विपरीत, एक अच्छा एवं मजबूत ई-रिक्शा जो सुरक्षा मानकों से स्वीकृत है, वह ग्राहकों का विश्वास जीत लेगा। एक संतुष्ट ग्राहक का अर्थ है– एक खुश डीलर। इस तरह डीलर भी लाभ कमा लेगा।

ई-रिक्शा की डीलरशिप लेते वक्त डीलर को उन सारे मानदंडों की एक चेकलिस्ट बना लेनी चाहिए, जो वह किसी कंपनी से चाहता है। ऐसी कंपनी चुनें जो इनमें से अधिकतर मानदंडों को पूरा कर पाए। डीलर को छोटे समय के लाभ के मुकाबले आगे के फायदों को ध्यान में रखना चाहिए। ऐसी कंपनी चुनें जो अच्छा उत्पाद देती हो, जिसे कंपनी की सेल्स की रणनीति के अनुसार बेचा जा सके और जिसमें बिक्री के बाद की सर्विस की गारंटी रहे। हमेशा वैसी कंपनी चुनें, जो व्यापार से जुड़े जोखिम के प्रति पारदर्शी हो।

किसी व्यापार में निवेश करने या उसकी डीलरशिप लेने को इच्छुक व्यक्ति, उसमें बहुत समय और पैसे लगाएगा। बिज़नेस शुरू करने के लिए ढेर सारे पैसे चाहिए, क्योंकि शोरूम बनाना, गोदाम बनाना, स्टाफ का वेतन, और इस शोरूम के रख-रखाव में बहुत पैसा लगता है। अत: यह देखना निर्माता कंपनी की जिम्मेदारी है कि डीलर ठगा हुआ महसूस न करे। एक कंपनी को डीलर की हर संभव मदद करनी चाहिए, ताकि वह मुनाफा भी कमाए और अपने व्यापार को लंबे समय तक चला सके तभी उस कंपनी का विकास होगा। डीलर की और अधिक मदद करने के लिए, कंपनी मार्केटिंग रणनीति बनाने में उसकी मदद कर सकती है। चलिए इसके बारे में आगे जानते हैं।

अध्याय-5

शोरूम का स्थान

गलत जगह ई-रिक्शा शोरूम खोला था। इससे पहले किसी भी कंपनी ने यह नहीं बताया कि शोरूम कहाँ होना चाहिए। मुझे इस पुस्तक से पता चला कि मैं इतने सालों से क्या गलती कर रहा था। प्रभु को मेरे ऊपर यह कृपा पहले ही कर देनी चाहिए थी।

—कृष्णा अग्रवाल, असम

दूसरे भावी व्यापारियों की तरह मैंने भी अपना व्यापार शुरू करने के लिए ई-रिक्शे का एक शोरूम खोलने का निर्णय लिया। ज्यादा सोचे-समझे बिना, मैंने एक जगह का चयन किया। यह मेरी पाँचवीं गलती थी। मैंने शोरूम का स्थान चुनने में गलती कर दी थी जिससे ग्राहक सही ढंग से वहाँ तक नहीं पहुँच पा रहा थे।

मार्केटिंग रणनीति में शोरूम का स्थान बहुत मायने रखता है। सही जगह खोला गया शोरूम हमेशा बिक्री के लिए फायदेमंद रहेगा। चूँकि शोरूम रखे ई-रिक्शे में एक बड़ा निवेश करना पड़ता है, अत: खरीदने से पहले ग्राहक उसे अवश्य ही देखना और समझना चाहेंगे। उनमें से कुछ तो ई-रिक्शा की टेस्ट-ड्राइव भी लेना चाहेंगे। इससे उन्हें खरीदने में आसानी होगी। ग्राहक जब रिक्शे को अच्छी तरह से

जाँच-परख लेंगे तो उनके निराश होने की संभावना कम होगी। यह कंपनी की जिम्मेदारी है कि अपने डीलर को ई-रिक्शा शोरूम खोलने के लिए सही जगह की सलाह दे। हमने सोचा था कि शोरूम बड़ा और भव्य होगा तो लोग आकर्षित होंगे। मगर यह सच नहीं है। जब लोग खरीदारी करने जाते हैं, यह केवल विंडो खरीदारी के मकसद से ठीक हो सकता है। लेकिन ई-रिक्शा के शोरूम का स्थान तीन चीजों पर निर्भर करता है: उपयुक्तता, सामर्थ्य, और दृश्यता। ई-रिक्शा के शोरूम में, लोग केवल खरीददारी के मकसद से आते हैं न कि विंडो शापिंग के मकसद से। ई-रिक्शे का शोरूम उन लोगों को आकर्षित करेगा, जो सच में ई-रिक्शा खरीदने के इच्छुक हैं। यह शोरूम एक सही स्थान पर खोलने से न केवल लोगों की आवाजाही बढ़ती है, वरना बिक्री के बढ़ने की संभावना भी बनी रहती है।

ग्राहक का विश्वास जीतना, किसी भी व्यापार की एक सच्ची चाल है। आखिरकार, इन सबका मकसद है, ब्रांड पर विश्वास बनाना। लोगों को इतना आश्वस्त करें कि वे इस ब्रांड पर पूरा विश्वास करने लगें, और जब भी ई-रिक्शा खरीदें, तो इसी ब्रांड का चयन करें। इसके लिए कभी-कभार शोरूम में कुछ ईवेंट करवा सकते हैं। इससे आपके शोरूम में ज्यादा लोग खिंचे चले आएंगे। ध्यान रहे कि लोगों के साथ आप मौजूदा उत्पाद और आने वाले नए उत्पादों एवं ऑफर्स की पूरी जानकारी साझा करें।

हमारे ज्यादातर संभावित ग्राहक (जो हमारे मुख्य ग्राहक हैं) महीने में लगभग 6 से 10 हजार रुपये तक कमाते हैं। उनमें से कुछ लोग तो बेरोजगार भी होते हैं। उन्हें महीने में कम से कम 20 से 25 हजार रुपये कमाना चाहते हैं। हमें ऐसे लोगों को टारगेट करना है। शोरूम को ऐसी जगह बनाएँ कि वह इन 6 से 10 हजार रुपये कमाने वाले वर्ग के करीब हो, या वहाँ, जहाँ लोग बेरोजगार हैं और कमाने के अवसर तलाश रहे हैं। इससे ग्राहकों से संबंध बनाने में

आसानी होती है। ऐसी जगहों में बना शोरूम, ग्राहकों में विश्वास जगाता है।

विज्ञापनों और मार्केटिंग मुहिमों की लाख दलीलों के बावजूद, आज का अधीर ग्राहक किसी ब्रांड पर तभी भरोसा करता है, जब उससे उसकी सारी जरूरतें पूरी होती हैं और उसकी समस्याएँ सुलझाई जाती हैं। बिक्री के बाद की मदद देने के लिए भी शोरूम का स्थान उपयुक्त होना चाहिए। ई-रिक्शा में आने वाली किसी भी गड़बड़ी या खराबी के लिए ग्राहक इस आफ्टर-सेल्स सर्विस पर ही विश्वास करता है। इस प्रतियोगात्मक उद्योग में, त्वरित सहायता बहुत आवश्यक है। शोरूम का स्थान ऐसा हो कि जरूरत पड़ने पर पार्ट्स-पुर्जे देने में सहूलियत हो। ग्राहकों की जरूरतों का पता लगने पर शोरूम के बारे में उन्हें जागरुक करना चाहिए।

शोरूम का स्थान, उस जगह के लोगों की जनसंख्या का आंकलन करने के बाद तय करना चाहिए इस विश्लेषण से यह स्पष्ट होना चाहिए कि शोरूम तक कितने ग्राहक पहुँच सकते हैं और वहाँ तक कितने कार्यकर्ता आसानी से पहुँच सकते हैं। डीलरों से बातचीत करके मैंने अपने शोरूम के स्थान का विश्लेषण करना शुरू किया। इससे मुझे समझ आया कि हमारे यहाँ आने वाले ग्राहकों में से 60 प्रतिशत ग्राहक इसलिए आए क्योंकि इधर से गुजरते वक्त उन्होंने हमारा ई-रिक्शा देखा। इसका मतलब, अगर हमारे ग्राहक हमें न देख पाएँगे, तो आवाजाही कम रहेगी। इस प्रकार बिक्री घटने का यह एक मुख्य कारण है। अत: शोरूम ऐसे स्थान पर होना चाहिए जो लोगों को साफ नजर आए, जिससे लोग वहां आएं और बिक्री बढ़े अर्थात मुनाफा भी बढ़े।

शोरूम के चारों ओर की ब्रांडिंग भी ग्राहकों को आकर्षित करती है। अक्सर देखा गया है कि शोरूम में सभी उत्पादों एवं विशेषकर नए उत्पादों की उचित तरीके से ब्रांडिंग की जाती है ताकि ग्राहक उनकी ओर आकर्षित हों। हालाँकि, शाम के समय की गई लाइटिंग, या शोरूम के पास लगे बड़े होर्डिंग, त्वरित प्रचार करते हैं, और ब्रांड के बारे में जागरूकता फैलाते हैं। इससे यह ब्रांड प्रचलित हो जाता है और अधिक लोग इसकी ओर आकर्षित होते हैं।

कुछ लोग ई-रिक्शा को प्रचार के लिए दूसरी जगहों पर भेज सकते हैं, और लोगों को अपने ई-रिक्शा के ब्रांड के बारे में समझा सकते हैं। एक आदमी, लोगों के बीच प्रदर्शन कर सकता है, और लोगों के सवालों के जवाब दे सकता है। इस तरह का रोड-शो, मार्केटिंग की बहुत अच्छी रणनीति है।

अध्याय-6

मार्केटिंग रणनीति

*मैं एक अच्छी ई-रिक्शा कंपनी से जुड़ा हुआ
था। पर मजा नहीं आ रहा था। इस मार्केटिंग
रणनीति से मैंने अपनी सेल 3 गुना बढ़ा ली
है। वाह रे बाहुबली दिनेश!*

—सुनील, बिहार

लंबी प्लानिंग को मद्देनजर रखते हुए, मार्केटिंग रणनीतियाँ तैयार की जाती हैं। इससे, व्यापार में मुनाफे के लिए किए जाने वाले कार्यों का एक खाका तैयार किया जाता है। इसी उद्देश्य से लोग, मार्केटिंग लक्ष्य (गोल्स) तैयार करते हैं। इसी लक्ष्य को ध्यान में रखते हुए रणनीति तैयार की जाती है। इस रणनीति के द्वारा व्यापार को लोगों तक पहुँचाया जाता है और अपने उत्पाद की ओर ग्राहकों को आकर्षित किया जाता है। अत: अधिकतम लोगों तक पहुँचना ही इस मार्केटिंग रणनीति का ध्येय होना चाहिए।

ई रिक्शे के केस में, ऐसी रणनीति तैयार करनी चाहिए, ताकि बाजार में उपलब्ध अन्य ई-रिक्शों के मुकाबले आपका व्यापार, बेहतर और स्थिर रहे। यह कहना सही ही होगा कि बिना सही रणनीति बनाए, इस व्यापार में मुनाफा कमाना और स्थिर रहना असंभव होगा। अत: यह आवश्यक है कि सही नीतियों को पहचाना जाए और डीलर

एवं ग्राहक दोनों की सुविधा के लिए उन्हें सही तरीके से लागू भी किया जाए।

अपने व्यापार के शुरुआती दिनों में, सही रणनीति तय करने हेतु मैं कई लोगों से मिला। उनमें से एक ने मुझे अपने कार्यस्थल के नजदीक होर्डिंग्स लगाने का सुझाव दिया। मैंने इस पर अमल करने का मन बनाया। मैंने होर्डिंग डिजाइन की प्रक्रिया आरंभ की। अंत में लगभग 10×12 फीट का एक बड़ा होर्डिंग बनकर तैयार हुआ। मैंने ऐसे अनेक होर्डिंग्स बनवाए और इन होर्डिंग को बनवाकर अपने आस-पास की सभी प्रमुख जगहों पर लगा दिया। हालाँकि हमें मनचाहा परिणाम नहीं मिल सका। इसके बाद, कुछ लोगों ने हमें पैम्फलेट बाँटने का सुझाव दिया। अत: हमने रिक्शा स्टैंड पर लोगों को पैम्फलेट बाँटना शुरू किया। इससे, मैं जो हासिल करना चाहता था, उसका मुझे केवल दो से तीन प्रतिशत ही प्राप्त हुआ।

इसके बाद, हमने एक मार्केटिंग फर्म से सुझाव माँगा, जिसने रणनीति तय करने में हमारी मदद की। उन्होंने हमें स्टीकर्स चिपकाने की सलाह दी। इन स्टीकर्स में सारी जानकारी और ई-रिक्शा के चित्र थे। जब हमने यह कार्य शुरू किया, तो हमारी टीम को ऐसा करने में काफी वक्त लग गया, क्योंकि हम इसे बाजार के सारे रिक्शों पर चिपका रहे थे, और उनकी संख्या बहुत ज्यादा थी। मगर, इसका असर भी बहुत कम देखने को मिला। इस बीच हमने पोस्टर भी चिपकाए। मगर कुछ खास फर्क पड़ता नजर न आया।

बड़ी से बड़ी रणनीति जैसे होर्डिंग, या छोटी रणनीतियाँ जैसे स्टीकर, पैम्फलेट और पोस्टर; हमने सब कुछ आजमा कर देख लिया। मगर ग्राहकों पर असर डालने में हम असमर्थ रहे, क्योंकि यह सारी तकनीक, जनता तक पहुँचने में विफल रही। फिर एक दिन, हमारे शोरूम में एक सज्जन आए। वे एक रिक्शा चालक थे। उन्हें हमारा

रिक्शा पसंद आया था और इसलिए वे इसे खरीदना चाहते थे। तब हमें एहसास हुआ कि सड़क पर हमारे जितने अधिक रिक्शे चलेंगे, हमारा उतना ही अधिक प्रचार होगा। अत: उसके बाद से हमने ई-रिक्शा चालकों द्वारा ही अपना प्रचार करवाना शुरू किया। वे दिन भर हमारे उत्पाद को चलाते थे। अगर उन्हें यह पसंद आ गया, तो वे दूसरों को भी इसके फायदे के बारे में बताते थे और इससे हमारे पास ज्यादा ग्राहक आने लगे और हमारे मुनाफे में वृद्धि हुई।

व्यापार के योग्य बाजार में रणनीति तैयार करने में बहुत वक्त, मेहनत और पैसा लगता है। ऐसी रणनीति लक्षित ग्राहकों में निश्चित ही कौतुहल पैदा कर देगी। एक समय ऐसा आएगा जब हम अपने लक्ष्य को प्राप्त कर लेंगे। अब हमें समझ में आ गया था कि हमें सबसे जरूरी चीज पर ध्यान लगाना है, जो ये रिक्शा चालक हैं। हमने इस सोच के साथ कार्य आरंभ किया कि अगर हमारे ब्रांड के अधिक ई-रिक्शा, बाजार में उतरेंगे तो हमारी बिक्री खुद-ब-खुद बढ़ जाएगी।

एक रणनीतिज़ के तौर पर, लोग कई तरह के सुझाव देते हैं। मगर हमने इसी नीति पर अडिग रहने का फैसला लिया। इस व्यापार में हमारा प्रचार करने का हालाँकि यह सबसे साधारण और सस्ता तरीका था। मगर इसने हमें, बाजार में शिखर पर ला दिया।

शुरुआत में, हम ज्यादा फायदों वाली रणनीति को लेकर चलते हैं। प्रचार हेतु हम बेहतर सामग्री उपलब्ध करवाते हैं। लेकिन नए लोगों तक जल्दी पहुँचने का यह एक बेहतर तरीका है। हमारे सामने आने वाले हर व्यक्ति तक हम अपनी बात पहुँचाते हैं। हालाँकि अगर हमने रिक्शा चालकों तक ये बातें पहले पहुँचाई होतीं, तो शायद ज्यादा बेहतर होता। अत: व्यापार शुरू करते वक्त, पहले दो महीने के अंदर ज्यादा से ज्यादा रिक्शों को बाजार में उतारने का दृढ़ निश्चय करना होगा। भले इसके लिए मुनाफा थोड़ा ही मिले।

यहाँ अपने मार्केटिंग रणनीति में आपको थोड़ी सेल्स की नीति भी जोड़नी पड़ेगी, क्योंकि लोग किसी भी उत्पाद की मार्केटिंग, उसकी सेल्स बढ़ाने के लिए ही करते हैं। बाकी सारी बातों को ध्यान में रखते हुए, यदि उत्पाद सही है, तो आगे चलकर इसकी बिक्री जरूर बढ़ेगी। इससे सेल्समैन, स्पेयर पार्ट देने वाले आदि लोगों की एक पूरी चैन बन जाएगी। सब मिलकर आपकी संस्था में काम करना चाहेंगे, यह तभी संभव होगा जब आपके ब्रांड के ज्यादा से ज्यादा ई-रिक्शे रोड पर चलेंगे।

मार्केटिंग रणनीति बदलती रहती है, ताकि बेहतर परिणाम मिल सकें। एक तरीका है, जिससे आपकी बिक्री आसानी से और सस्ते में बढ़ जाएगी। आमतौर पर, विज्ञापनों पर काफी खर्च हो जाता है। अत: हम ई-रिक्शा बेच कर ही इसका प्रमोशन कर सकते हैं। शुरुआती दिनों में आप लोगों को ज्यादा मुनाफा नहीं होगा, मगर इससे आपके रिक्शे का अच्छा प्रचार हो जाएगा। इस तरीके से रिक्शा चालकों की मदद से, आप अपने उत्पाद का प्रचार कर सकते हैं। इस रणनीति से भविष्य में पूरा सौ प्रतिशत मुनाफा होगा। सारांश रूप में कहें तो शुरुआती दिनों में आपको अपने ई-रिक्शा को रोड पर लाना अत्यंत आवश्यक है।

आपको हमेशा याद रखना है कि इस व्यापार में आप केवल इसलिए हैं, क्योंकि आप कुछ उत्पाद बेच रहे हैं। इसलिए यहाँ अपने ग्राहकों की बात सुनना और इस पर काम करना बहुत जरूरी है। और क्योंकि ई-रिक्शा चालक ही आपके ग्राहक हैं, अत: उनसे मिल-जुलकर सारी बातें साझा करें और उन्हें सारी बातें अच्छी तरह से समझाएँ। इससे वे आपके ई-रिक्शा ब्रांड के कायल हो जाएँगे। वे खुद तो इसे खरीदेंगे ही साथ ही दूसरे लागों को भी इसे खरीदने के लिए प्रेरित करेंगे।

ग्राहक ही किसी व्यापार की नींव होते हैं। कोई भी कंपनी बाजार में ज्यादा बिक्री करके अपना लाभ बढ़ाना चाहेगी। इसके लिए आपको अपने ग्राहकों की पसंद, नापसंद और अपेक्षाओं का ध्यान रखना पड़ेगा। ग्राहक ही देवता है। अत: आप एक ई-रिक्शा चालक को भी अपना ब्रांड एम्बेसडर बना सकते हैं। आपके ब्रांड की खूबियाँ वे बेहतर तरीके से बता पाएंगे। वे ई-रिक्शा की गुणवत्ता के बारे में ज्यादा बातें कर पाएंगे। आप नए ग्राहक लाने के लिए उन्हें कुछ कमीशन भी दे सकते हैं। अभी तक तो वे इसका उपयोग कर रहे थे, लेकिन अब वे ही इसकी बड़ाई भी करेंगे।

मार्केटिंग रणनीतियाँ मुख्यत: नए ग्राहकों को आकर्षित करने के लिए बनाई जाती हैं। यहाँ इस बात पर ज्यादा ध्यान देना होगा कि आपका ई-रिक्शा ग्राहकों की सभी जरूरतों को पूरा करे, और आप उनके साथ एक अच्छा रिश्ता बना सकें। इस उद्देश्य की पूर्ति के लिए आपको अपने ग्राहकों की सोच और माँग के हिसाब से चलना होगा। नए ग्राहकों को खोजने के साथ-साथ, आपको अपने पुराने ग्राहकों का भी ध्यान रखना होगा।

सामान्यत: यह मार्केटिंग रणनीति, इन आसान से तीन सवालों का जवाब देती है—

- हम कहाँ हैं?

- हम कहाँ जा रहे हैं? और

- हम उस जगह कैसे पहुँचेंगे?

जब इन तीन सवालों के जवाब मिल जाएँगे, समझ लीजिए कि आपकी रणनीति तैयार है। अब इसके आगे आपको बिक्री के बाद की सर्विस पर ध्यान देना होगा।

अध्याय-7

बिक्री उपरांत सर्विस

बाहुबली डीलर होने पर मुझे गर्व है। पहले मैं कुछ और काम करता था। ई-रिक्शा क्रांति से जुड़ना चाहता था पर अंधेरे में था। यह पुस्तक पढ़ने के बाद और बाहुबली से जुड़ने के बाद अब मैं हर महीने लगभग 5 लाख रुपये कमा रहा हूँ।

—ऋषि, उत्तर प्रदेश

बिक्री करना किसी भी उत्पाद की बिक्री का पहला चरण है, मगर बात यहीं पर खत्म नहीं होती है। बिक्री के बाद सेवा (सर्विस) भी कंपनी को उपलब्ध करवानी चाहिए। इससे ग्राहकों को कंपनी पर विश्वास हो जाता है, उन ग्राहकों को, जिनसे कि यह कंपनी लंबा रिश्ता बनाए रखना चाहती है, और जिनका कंपनी विश्वास जीतना चाहती है। इससे ये ग्राहक कंपनी से हमेशा के लिए जुड़ जाते हैं। इन सेवाओं में वे सभी चीजें शामिल हैं, जिन्हें एक कंपनी अपने ग्राहकों का ख्याल रखने के लिए देती है। यह सेवा उसी समय शुरू हो जाती है, जब ग्राहक ने उसका उत्पाद खरीदने का मन बना लिया है, मतलब पैसे के भुगतान से भी पहले। इस तरह की सर्विस सारे व्यापारों, खासकर लघु व्यापार में जरूरी है, जहाँ हर एक ग्राहक

मायने रखता है। केवल "शुक्रिया" या "दोबारा मिलेंगे" कहना काफी नहीं है, असल सफलता तो ग्राहक के साथ सच्चा और लंबा रिश्ता बनाने से मिलती है। यानी आप ग्राहक को प्यार दें, इससे वे भी बदले में अपनी वफादारी और उत्साह देंगे। यहीं हमने अपनी सातवीं गलती कर दी।

हमने यह गलती की थी कि कंपनी की गुणवत्ता नियंत्रण प्रणाली, उसके कारीगरों की कार्यकुशलता, मैनेजमेंट की कुशलता और उसके मार्केटिंग स्टाफ की डीलरों से वार्तालाप, बिक्री के बाद सर्विस की कंपनी की मंशा, और इन सर्विसिंग के फीडबैक की पॉलिसी, इन सब बातों को जाँचे बिना ही हमने डीलरशिप ले ली। हम इन सारी बातों को भूल गए और डीलरशिप लेते वक्त हम तो उत्पाद की खूबी और मोलभाव करने में ही लगे रहे। मुनाफे के आधार पर हमने यह सौदा तय कर लिया। मगर, जब ग्राहकों की शिकायतें आनी शुरू हुई, तब हम उत्पादक के पास गए। उनके लिए तो माल बिकने के बाद ही सौदा खत्म हो गया था, और तभी हमें हमारी गलती का एहसास हुआ।

जब हम बाजार में आए, तब ई-रिक्शा हमारे लिए एक नई चीज थी। इन अनुभवों से हमने काफी कुछ सीखा। इन सात सालों में मुझे समझ आ गया कि इस मनचाही सफलता को पाने के लिए सिर्फ और सिर्फ सर्विस ही एकमात्र उपाय है। अत: नए प्लान के तहत हमने एक बेहतर सर्विस मैनेजमेंट की ओर ध्यान केंद्रित किया। बेहतर प्लानिंग, नियंत्रण और बजट से हमने अपने लक्ष्य को पा लिया।

हमने बिक्री उपरांत सर्विस हेतु निवेश किया। हम ग्राहक को संतुष्ट कर, वफादार ग्राहकों की एक ऐसी फौज तैयार कर रहे थे जो खुद ही हमारे उत्पाद की मार्केटिंग कर देते। हमें धीरे-धीरे इस बात पर विश्वास होने लगा था कि एक संतुष्ट ग्राहक दस नए ग्राहक ला सकता है, जबकि एक असंतुष्ट ग्राहक अन्य दस ग्राहकों को दूर

कर सकता है। हमने अपने व्यापार में ग्राहक से संबंध मैनेज करना अपनी आदत में शुमार कर लिया। सी.आर.एम. में कई नीतियाँ और तकनीक शामिल हैं, जो ग्राहकों से बेहतर संबंध बनाने में मददगार साबित होंगी।

बेहतर सी.आर.एम. के लिए जरूरी तथ्य

चूँकि ई-रिक्शा चालकों की माली हालत कमजोर होती है, इसलिए उनके बजट से बाहर बात करने से वे घबरा जाएंगे। अत: ग्राहकों की पसंद और जरूरतों को उनके जेब के दायरे में रखकर सोचना आवश्यक है।

ग्राहकों को असलियत समझाएं। झूठ या किसी फर्जी डील से मूर्ख बनाने पर वे वापिस नहीं आएंगे। ग्राहक को सारी स्कीम सही सही समझाएं।

ग्राहक को इंतजार करवाना पाप है। अधिकतर ई-रिक्शा चालक गरीब हैं और हर दिन की कमाई पर उनकी रोजी रोटी चलती है। जल्द से जल्द उनकी समस्या को सुलझाएं ताकि जल्द ही उनका ई-रिक्शा वापिस सड़क पर चलने लगे।

एक सेल्समैन अपने टारगेट और कमीशन के बोझ तले दबे रहता है। इसके चलते वह कभी-कभी ग्राहक के नजरिए को नहीं समझ पाता।

किसी गरीब (ग्राहक) को एक महंगा या फिर घटिया क्वालिटी का ई-रिक्शा बेचने से वह दोबारा लौटकर नहीं आएगा। जैसा कि मैंने पहले भी बताया था, हमारे साथ ऐसा ही हुआ। ज्यादा जोर देने पर सेल्स नहीं बढ़ेगी। बेहतर होगा कि ग्राहकों को परेशान करने के बजाय उनकी सहूलियत का पूरा ध्यान रखें और आगे बढ़ें।

हमेशा ग्राहकों को धैर्य और समय देकर समझाना चाहिए। ज्यादातर ई-रिक्शा चालक पढ़े-लिखे नहीं होते हैं और उन्हें तकनीकी ज्ञान नहीं रहता। अत: अभद्र होने के बजाय उन्हें थोड़ा ज्यादा समय देकर समझाएं।

ग्राहक लॉयल्टी स्कीम भी ग्राहकों के संपर्क में रहने में मदद करेगी।

सेल्स टीम और बिक्री के बाद की टीम को धैर्य रखना सिखाएं। ग्राहकों से क्षेत्रीय भाषा में बात करने पर वे उनसे बेहतर तरीके से संपर्क कर पाएंगे एवं इससे ग्राहकों को भी कम परेशानी होगी।

जिस तरह एक प्रोफेशनल लैपटॉप विक्रेता ग्राहक को जानकारी देता है कि इसमें विंडोज लगा हुआ है और उपयोग के लिए तैयार है, ठीक उसी तरह, बेहतर कार्यान्वयन और रख-रखाव के लिए किसी भी ई-रिक्शा की असेंबलिंग भी सही होनी चाहिए।

रिस्क कवर करना, जैसे महीने में मुफ्त सर्विसिंग आदि, ये विक्रेता द्वारा ग्राहकों से किया गया एक वायदा है, जिसमें जरूरत पड़ने पर वे बिक्री उपरांत भी सर्विस देंगे।

निरंतर ग्राहकों से फीडबैक लेना, आपकी सर्विस को और बेहतर बनाएगा।

एक्सचेंज पॉलिसी और मुफ्त एक्सचेंज स्कीम के तहत दिए जाने वाले प्वॉइंट्स के बारे में भी ग्राहक को अवगत कराएं।

हमने अपने ग्राहकों के लिए सर्विस सेंटर बनाए। हमारा लक्ष्य बिक्री के बाद अपने ई-रिक्शा ग्राहकों को बेहतर सेवा प्रदान करना था। हमने एक ऐसी टीम का गठन किया, जिसे ई-रिक्शा की सारी तकनीकी जानकारी थी, और वे वाक्य कुशल भी थे। गारंटी वाले सारे स्पेयर पार्ट्स ग्राहकों को मुफ्त में दिए जाते हैं। बाकी सारे स्पेयर पार्ट्स भी एक ही दुकान पर मिल जाते हैं, जिससे कि व्यर्थ की

भागा-दौड़ी नहीं होती। इससे ई-रिक्शा ग्राहक का समय और मेहनत बच जाता है। बिक्री के बाद सर्विस देने वाली टीम को भी निरंतर ट्रेनिंग दी जा रही है। उन्हें वीडियो और मैसेज के जरिए ग्राहकों की सारी शिकायतों से अवगत करवा दिया जाता है।

हालाँकि ग्राहकों की संतुष्टि के लिए, एक सिस्टम तैयार करना होगा जिससे ग्राहक और डीलर के बीच की कुछ छिपी हुई शंकाएं दूर हो सकें। बेहतर सिस्टम से सी.आर.एम. की न्यूनतम गुणवत्ता को हासिल किया जा सकेगा। सात साल के अनुभव के बाद, अब हमने अपने इस सिस्टम को और बेहतर बना दिया है। इससे हमें सीधे अपनी सर्विस मैनेजमेंट टीम द्वारा ही, ग्राहकों की उम्मीदें और रुचि का पता चल जाता है।

सर्विस फ्लो-चार्ट

हर ग्राहक को सर्विस पाने के लिए सर्विस की सही जानकारी होनी चाहिए; उन्हें पता होना चाहिए कि उस सर्विस में क्या-क्या शामिल है। सर्विस पाने की पात्रता, उनकी बंदिशें, दाम एवं उस सर्विस को पाने और मांगने का तरीका भी उन्हें पता होना चाहिए। इनमें एक-एक करके बिक्री के बाद दी जाने वाली सर्विस को बढ़ाना शामिल है। समस्या सुलझाते वक्त सूझ-बूझ से काम लेना होगा। यहां इन सर्विसेज को अच्छे ढंग से बताना पड़ेगा एवं साथ में उनसे जुड़े खर्चों को भी सही ढंग से बताना होगा। ग्राहक के लिए एक चेकलिस्ट बनी होनी चाहिए और उसमें सभी महत्त्वपूर्ण सर्विसेज को ऊपर रखना चाहिए। अपने ई-रिक्शा ब्रांड के लिए कुछ खास प्रकार का सर्विस कैटलॉग भी बनाना सही रहेगा।

इन सब बातों से सर्विस पाने के लिए आवश्यक सभी आंतरिक कार्यों का पता चल जाता है। अगर एक ग्राहक सर्विस लेने के लिए हमारे पास आएगा, तो स्वतः ही इन कैटलॉग से उसे एक-एक करके उन सभी कार्यों का पता चल जाएगा। इससे ग्राहक और डीलर के

बीच कोई गलतफहमी नहीं रहेगी और किसी भी समस्या को बेहतर तरीके से सुलझाया जा सकेगा। इन सर्विसेज को लेने के बाद भी अगर कोई परेशानी महसूस हुई, उस केस में सर्विस टीम को दोष दिया जाना चाहिए, न कि ग्राहक को।

सर्विस प्रोसेस मैनुअल

इसमें उन सारी प्रक्रियाओं का विवरण होता है, जिनके अनुसार ही एक ग्राहक किसी कंपनी से वारंटी पा सकेगा। सर्विस प्रोसेस मैनुअल का होना बहुत आवश्यक है, क्योंकि इसमें ई-रिक्शा की सर्विस, रख-रखाव, सर्विस फ्लो-चार्ट और शिकायत, इन सभी चीजों का विवरण है। किसी भी डीलरशिप की सफलता के लिए यह आवश्यक है कि वे इन मैन्युअल में उन सभी सर्विसेज का लिखित में उल्लेख करें, इन मैन्युअल में निम्न जरूरी बातें लिखी रहनी चाहिए-

- **रख-रखाव के तरीके:** रख-रखाव सारे तरीकों को बहुत ही आसान तरीके से लिखना चाहिए।

- **माइलेज बढ़ाने के तरीके:** इसमें बैटरी चार्ज करने की जानकारी, बेहतर माइलेज के लिए कितना चार्ज करें, इत्यादि सारी बातें लिखी होनी चाहिए।

- **रख-रखाव खर्च और समय की बचत के तरीके:** इस मैनुअल में उन स्पेयर पार्ट्स का जिक्र होना चाहिए, जिन्हें खराब होने पर बदलना है, जिससे स्पेयर पार्ट की जरूरत पड़ने पर ई-रिक्शा चालक स्वयं ही इसकी मरम्मत कर सकते हैं, इससे रख-रखाव खर्च बचेगा। हालाँकि समय के साथ इस मरम्मत के प्रभाव को ध्यान में स्वयं रखना पड़ेगा।

- **ई-रिक्शा के जीवनकाल को बढ़ाने के तरीके:** इस मैनुअल में ई-रिक्शा के भार ढोने की क्षमता का जिक्र होना चाहिए। इस क्षमता से अधिक भार ढोने पर ई-रिक्शा के पीछे के

शॉकर और बॉडी पर असर पड़ेगा। ई-रिक्शा को यात्रियों की सवारी के लिए बनाया गया है। मगर कई बार देखा गया है कि लोग इस पर माल ढोते हैं। इस तरह का अधिक वजन, ई-रिक्शा को नुकसान पहुंचाएगा। इसका यह भी अर्थ है कि अत्यधिक सवारियों को चढ़ाने पर भी ई-रिक्शा को नुकसान होगा।

- **तकनीकी विवरण:** तकनीकी जानकारी देने पर ग्राहक को ई-रिक्शा की गुणवत्ता पर विश्वास हो जाता है। अत: इस मैनुअल में मोटर की जानकारी, धातु की श्रेणी, प्लास्टिक, पेंट और उपयोग किए गए अन्य सामानों की भी जानकारी दी जानी चाहिए।

यह मैनुअल, एक जानकारी गाइड एवं एक ट्रेनिंग टूल है। यह बिक्री के बाद की पूरी प्रक्रिया को आसान बना देता है। इस तरह से अगर ग्राहक सर्विस के लिए कंपनी में गया, तो एक-एक करके उसकी ये सारी परेशानियाँ दूर होती जाएंगी और किसी को कोई कष्ट भी नहीं उठाना पड़ेगा।

हमेशा एक सही सर्विस फ्लो-चार्ट और सर्विस मैनुअल वाली कंपनी का ही चुनाव करें। इन्हीं से सेल्स सर्विस से जुड़े इन सवालों के जवाब मिलेंगे-

- अगर मोटर में दिक्कत हो, तो क्या-क्या करना पड़ेगा और इसे ठीक कैसे कर सकते हैं?

- सर्विस के लिए कौन ट्रेनिंग देगा?

- यदि सर्विस मैकेनिक की जरूरत पड़े, तो उसकी ट्रेनिंग कैसे होगी और कौन उसे ट्रेनिंग देगा?

- क्या ट्रेनिंग करवाने के लिए कंपनी के पास कोई इंतजाम है?

- क्या इन सर्विसेज को ट्रेनिंग की वीडियो देखकर दिया जा रहा है?

- यदि इमरजेंसी हुई, तो यह कंपनी अपने डीलर की मदद कैसे करेगी?

केवल वही व्यापार लंबे समय तक चलेगा, जिनमें सर्विस का पूरा इंतजाम होगा। बिक्री के बाद दी गई अच्छी सर्विस ही आपके उत्पाद को लंबे समय तक बाजार में बनाए रखेगी। इससे ग्राहकों में विश्वास बना रहता है कि कंपनी उनकी हर संभव मदद करने को तैयार है, और उनका निवेश व्यर्थ नहीं गया। ग्राहकों से बनाया गया अच्छा रिश्ता ही उत्पाद को एक ब्रांड बनाता है। जब भी ग्राहकों की जरूरतें और माँगें पूरी होती हैं, तब उस कंपनी के बारे में अच्छी बातें फैलती हैं। अत: एक अच्छा रिश्ता आपके ब्रांड पर कई गुना असर डालता है। अत: ई-रिक्शा व्यापार की सेल्स रणनीति बनाते वक्त इन बातों का ख्याल रखना होगा:

हमेशा उत्पाद ऐसी कंपनी से ही खरीदें जो ग्राहक की सुनती है, और उसका सम्मान करती है। ग्राहक ही भगवान है। यह बात किसी भी व्यापार के लिए सत्य है। अत: हमेशा पुराने और संभावित ग्राहकों से जुड़े रहें।

कंपनी को जल्द से जल्द स्पेयर पार्ट देना चाहिए। ई-रिक्शा की बदली और मरम्मत भी समय पर हो जानी चाहिए।

सर्विस को तेज रखने के लिए, किसी को भी टीम मेम्बर के नखरों पर ध्यान नहीं देना चाहिए। अगर कोई मैकेनिक ठीक नहीं लग रहा है या नौकरी छोड़ देता है तो जल्द से जल्द नए मैकेनिक को काम पर रख लें। कुछ ऐसे मैकेनिक्स से भी संपर्क बनाए रख सकते हैं, जो जरूरत पड़ने पर कंपनी के लिए काम कर सकें।

सर्विस वीडियो के जरिए कर्मचारियों की ट्रेनिंग बहुत जरूरी है। पूरी टीम को साथ मिल कर सीखना चाहिए। इससे कर्मचारियों और सेल्स टीम में अच्छा रिश्ता बनेगा, जिससे वे सभी बेहतर तरीके से काम कर सकेंगे।

जितनी जल्दी सर्विस हो, उतना ही बेहतर है। इसके लिए स्पेयर पार्ट्स का स्टॉक रखें और साथ ही साथ नवीनतम तकनीकों को अपनाएं।

बिक्री उपरांत सेल्स सर्विस की लागत प्रभावशीलता ही इस व्यापार का मूल है।

सारांश

मैंने रोजगार बढ़ाने और प्रदूषण मिटाने का लक्ष्य लेकर अपने व्यापार की शुरुआत की थी। हालाँकि मैंने कई गलतियाँ कीं, और उनसे मुझे सीख भी मिली। इस पूरी प्रक्रिया में, काफी पैसे और समय लग गए। इस पुस्तक को मैंने डीलरों को दिशा-निर्देश देने हेतु लिखा है, ताकि वे नुकसान की चिंता किए बिना एक व्यापार शुरू करें और मुनाफा कमाएं। एक व्यक्ति या डीलर किसी भी व्यापार को शुरू करने से पहले नुकसान को लेकर घबराता है। इसमें सिर्फ वित्तीय नुकसान ही नहीं, बल्कि इज्जत, सम्मान और बाजार में साख का नुकसान भी शामिल होता है। इस नुकसान से डीलर का परिवार भी प्रभावित होता है।

किसी भी निवेश को करते वक्त एक डीलर के मन में कई सवाल उठते हैं। व्यापार से जुड़े जोखिम से उसे डर लगता है। अत:, ई-रिक्शा का व्यापार शुरू करने से पहले, लोगों को इसके संभावित जोखिमों का पता होने चाहिए।

सबसे पहली गलती मैंने अपने निवेश के रिटर्न को आंकने में कर दी। जब मैंने इस व्यापार को शुरू किया, उस समय बाजार जोरों पर था। इससे निवेश करने का अच्छा माहौल बन गया। अत: मैंने अपने निवेश पर अच्छा मुनाफा कमाने का सोच कर इस व्यापार में निवेश कर दिया। मेरी सारी उम्मीद पर पानी फिर गया। मैंने निवेश के रिटर्न से जुड़े अन्य पहलुओं पर ध्यान नहीं दिया था। निर्माता ने अच्छा उत्पाद नहीं दिया था, इस कारण से हमारे द्वारा निवेश के रिटर्न के कांसेप्ट को गलत समझा गया था। अत: इससे यह निष्कर्ष निकाला जा सकता है कि भविष्य में जो कुछ भी होने वाला है,

उसे सही से आंका नहीं जा सकता है। हमने घटिया क्वालिटी के रिक्शे बेचे और इसके चलते बाजार में हमारा नाम खराब हुआ।

डीलर जब किसी जोखिम भरी कंपनी से जुड़ता है तो उसे डीलर को अपने निवेश पर असुरक्षा महसूस होती है। ऐसी कंपनी कभी भी अपने डीलर को किसी प्रकार की सुरक्षा प्रदान नहीं करती है, इसलिए नुकसान होने के चांस बढ़ जाते हैं। मनचाही मदद न मिलने पर एक डीलर को सौतेलापन महसूस होता है। ई-रिक्शा के व्यापार से जुड़े जोखिमों को खुले दिमाग से समझना होगा। व्यापार के आकार के बारे में सोचे बिना, सबसे पहले उससे जुड़े खतरों को समझना होगा। निवेश से जुड़े उन संभावित जोखिमों का आंकलन करना होगा। हमने यह सब नहीं किया, यही हमारी दूसरी सबसे बड़ी गलती थी।

ई-रिक्शा व्यापार से जुड़ी तीसरी गलती है– उत्पाद की घटिया गुणवत्ता। भले ही इन सस्ते उत्पादों से थोड़े समय के लिए ज्यादा लाभ मिल जाएगा, मगर लंबे समय के लिए यह घाटे का सौदा है। मेरे केस में ऐसा ही हुआ। मैं अच्छे दाम पर माल बेचकर काफी लाभ कमा रहा था। मगर, ये लाभ कुछ समय के ही मेहमान थे। व्यापार के दूसरे चरण में मेरी सेल्स तेजी से घटने लगी। ई-रिक्शा एक तकनीकी उत्पाद है जिसे लगभग 80 पुर्जे जोड़ कर बनाया गया है, और इसके लिए एक डीलर को सरकार की सहमति चाहिए। क्योंकि इसके उपभोक्ता या यूजर वही रिक्शाचालक हैं, जिन्हें कोई तकनीकी जानकारी नहीं है, अत: यह जरूरी है कि ग्राहकों को अच्छी गुणवत्ता वाले ई-रिक्शा दिए जाएं।

डीलर की चौथी गलती यह होती है कि ई-रिक्शे का व्यापार शुरू करने से पहले वे इसके बारे में अच्छे से पूरी तरह से जानकारी एकत्रित नहीं करते हैं। मैंने भी ऐसा ही कुछ किया। मैंने व्यापार से जुड़ी अन्य सारे चीजों पर तो ध्यान दिया, मगर गुणवत्ता को नजरअंदाज कर दिया, जिसकी वजह से अंत में मुझे भारी नुकसान झेलना पड़ा। अत: मैं उन पाँच चीजों के बारे में बता रहा हूँ, जिन्हें उत्पाद खरीदने

से पहले एवं उत्पाद की गुणवत्ता जाँचते वक्त देखना होगा: मजबूती, आराम, फिटिंग, सभी पुर्जे, और बिजली की फिटिंग।

एक डीलर अपनी पाँचवीं गलती, शोरूम का स्थान चुनते वक्त करता है।

ई-रिक्शा के शोरूम का स्थान तीन चीजों पर निर्भर करता है: सार्थकता, सस्ता और दर्शनीय। इस शोरूम का स्थान वहां के लोगों का जनसांख्यिकीय विश्लेषण करने के बाद तय करना चाहिए। सही जगह पर लगाया गया शोरूम, सेल्स और बिक्री के बाद की सर्विस के लिए उपयुक्त होगा।

ई-रिक्शा के व्यापार में छठी गलती है– व्यापार के लिए सही रणनीति का अभाव। इस तरह की नीतियां ज्यादा महंगी नहीं होनी चाहिए, क्योंकि ये उत्पाद का दाम बढ़ा देंगी। अत: इन नीतियों को लोगों तक पहुँचाने का सबसे अच्छा तरीका खोजना होगा।

डीलर की सातवीं गलती है– बिक्री के बाद की सर्विस देने का वायदा न करना। ग्राहकों को इन सर्विसेज से अवगत कराना होगा। इन सर्विसेज से ग्राहकों को विश्वास हो जाता है कि कंपनी उनके साथ लंबा संबंध बनाए रखना चाहती है, और उनका विश्वास जीत कर अपना व्यापार लंबे समय तक चलाना चाहती है। हमने गलती कर दी कि निर्माता की गुणवत्ता, कंट्रोल तकनीक, मैनेजमेंट की काबिलियत, कर्मचारियों की तकनीकी काबिलियत, बिक्री के बाद सर्विस देने की कंपनी की मंशा और फीडबैक सिस्टम, इन सबको देखे बिना ही हमने डील कर ली। इसकी बजाय हमने तो उत्पाद के फीचर और दाम के मोल-भाव करके डीलरशिप ले ली। हमने केवल मुनाफे के हिसाब से डील तय कर ली। यह हमारी सातवीं बड़ी गलती थी।

एक सेल्स रणनीति या व्यापार का प्लान कंपनी बनाती है, जिससे डीलर की सेल और मुनाफा बढ़ जाता है, अत: कंपनी को भी अपने ई-रिक्शा के प्रचार का एक अच्छा सा तरीका तलाशना होगा। शुरुआत में ई-रिक्शा इसलिए इतना व्यापक हुआ, क्योंकि उसे यातायात के अन्य साधनों के मुकाबले बेहतर माना गया। हालाँकि बाद में इसकी सेल बहुत तेजी से गिरी। इसका कारण था– वे घटिया गुणवत्ता वाले ई-रिक्शा। अत: मैंने एक सेल्स नीति तैयार की, जिसमें शोरूम में आने वाले लोगों की गिनती, सी.आई.एफ. फॉर्म, फीडबैक और संपर्क आदि शामिल हैं। इन सारे तरीकों से पुराने ग्राहकों से संबंध बने रहते हैं और नए ग्राहक भी आते हैं।

मैंने इस पुस्तक की रचना की, ताकि इन 7 वर्षों के अनुभवों को आपसे साझा कर सकूँ। इस अनुभव को पाने में बहुत पैसा और समय लग गया। इन सभी गलतियों को दोहराना मतलब संपदा का नुकसान करना। मैं मानता हूँ कि इंसान गलतियों से ही सीखता है। मगर मैं यह भी कहना चाहूँगा कि अगर गलती करनी ही है तो इंसान कुछ नई गलतियाँ करे।

मैंने अपनी गलतियों से सीख ली और ई-रिक्शा के निर्माण कार्य में लग गया। मेरी कंपनी का नाम है– श्री बरसाना ई-वहिकल्स प्राइवेट लिमिटेड। आज हम तेजी से बढ़ने वाली कंपनियों में से एक हैं। हमारी कंपनी के ब्रांड का नाम 'बाहुबली' है। हालाँकि इन कुछ सालों में बाजार बदल चुका है। हम सदा बेहतरी की कोशिश करते हैं और हमेशा अपनी नवीनतम तकनीक को हमसे जुड़े सभी लोगों तक पहुँचाने की पूरी कोशिश करते हैं। हमारी कंपनी में, हमारे निवेशकों, वितरक, खुदरा व्यापारी, ग्राहक, इन सबके सपने पूरे होते हैं। हम भविष्य में भी इस कड़ी मेहनत को जारी रखेंगे और अपने डीलर्स को बेहतर उत्पाद देंगे।

मैंने अपने व्यापार में कुल 7 गलतियाँ कीं। मैंने इन गलतियों से सीख ली और आज 'बाहुबली' इस सीख का जीता-जागता उदाहरण

है। हमारी डीलरशिप लेने वाले हर एक शख्स को हम सही निर्णय लेने के लिए प्रेरित करते हैं। हमने एक नियमबद्ध तरीका बनाया है, जिससे हम बाजार में मौजूद स्पर्धा के बावजूद एक बेहतर उत्पाद बेच पा रहे हैं। सही जगह पर शोरूम लेने और सही नीति अपनाने में भी हम उनकी मदद करते हैं। अत: हमारे डीलर को ई-रिक्शा संबंधी सारी जानकारी होती है और इससे गलतियों से वे बच जाते हैं। वे बेहतर करने की कोशिश में लगे रहते हैं और इस क्षेत्र में सर्वोत्तम बन जाते हैं। मैं विश्वास दिलाता हूँ कि जो लोग 'बाहुबली' ई-रिक्शा की डीलरशिप से जुड़े हैं, उन्हें हमारी कंपनी के सिस्टम के चलते कभी भी इन गलतियों का सामना नहीं करना पड़ता क्योंकि हमने पहले से ही इन गलतियों को सुधार लिया है। इससे डीलर की 100% सफलता निश्चित है।

प्रिय पाठक,

अब मुझे लगभग 10 वर्ष हो गए हैं, ई-रिक्शा इंडस्ट्री में, इसमें लगातार बदलाव आ रहे हैं।

आज इन 7 गलतियों से तो हम अपने डीलर्स को बचाते ही हैं, इसके साथ रिच डीलर्स 2.0 में उनको एंट्री देते हैं, जिससे वे मुझसे डायरेक्ट ई-रिक्शा डीलरशिप के गुण सीखते हैं।

रिच डीलर्स 2.0 उन्हीं डीलर्स के लिए है जो कि जीवन में कुछ बड़ा करने की इच्छा रखते हैं।

आज हमने ई-रिक्शा डीलरशिप बिजनेस को रिस्क फ्री कर दिया है, जहाँ पैसे कमाने की संभावना बहुत अच्छी है।

अगर आप ई-रिक्शा बिजनेस से जुड़कर उसमें कुछ बदलाव लाना चाहते हैं या ई-रिक्शा या उससे जुडी अपनी किसी भी समस्या को हमारे साथ साझा करना चाहते हैं, तो कृपया आप निम्नलिखित ई-मेल आई.डी. पर मुझे मेल करें।

ईमेल–dg@bahubalirickshaw.com

भारत की ई-रिक्शा पर लिखी पहली पुस्तक की हिंदी संस्करण का लॉन्च

श्री सतीश महाना (उद्योग मंत्री, यूपी सरकार) बाहुबली ई-रिक्शा का शुभारंभ: साथ में श्री जय भगवान गोयल (अंतर्राष्ट्रीय कार्यकारी अध्यक्ष, हिंदू फ्रंट, नेता भाजपा), श्री रजनीश गोयनका (अध्यक्ष एमएसएमई मंच), दिनेश गोयल, सह-संस्थापक, श्री बरसाना ई-वाहन प्राइवेट लिमिटेड, बाहुबली ई-रिक्शा।

श्री सतीश महाना (उद्योग मंत्री, यूपी सरकार) बाहुबली ई-रिक्शा का शुभारंभ: साथ में श्री जय भगवान गोयल (अंतर्राष्ट्रीय कार्यकारी अध्यक्ष, हिंदू फ्रंट, नेता भाजपा), श्री रजनीश गोयनका (अध्यक्ष एमएसएमई मंच), दिनेश गोयल, सह-संस्थापक, श्री बरसाना ई-वाहन प्राइवेट लिमिटेड, बाहुबली ई-रिक्शा।

जनरल (डॉ.) वी.के. सिंह, राज्य मंत्री, विदेश मंत्री: भारत सरकार बाहुबली ई-रिक्शा के बारे में चर्चा कर रही है। दिनेश गोयल और कंपनी के सह-संस्थापक जतिन गोयल के साथ।

श्री महेश शर्मा पर्यटन और उड्डयन मंत्री भारत सरकार ने बाहुबली ई-रिक्शा का उद्घाटन किया। साथ में श्री जय भगवान गोयल, दिनेश गोयल और जतिन गोयल।

हैप्पी ऑनर्स ऑफ बाहुबली ई-रिक्शा

इस पुस्तक के पाठक बड़े व्यावसायिक लक्ष्यों को प्राप्त करने के लिए इसमें लिखी गई सभी बातों का पूरी तरह से पालन करते हैं तो यह पुस्तक उनके लिए बहुत ही सफल साबित होती है।

"यह पुस्तक आपके व्यवसाय के सपने को पूरा करने में आपकी मदद कर सकती है।"

मैं कह सकता हूं कि आप एक गंभीर पाठक हैं क्योंकि आपने इस पुस्तक को अंत तक पढ़ा है। अगला कदम पुस्तक में दिए गए ज्ञान को आत्मसात करना और उससे प्रेरित होना है।

जरा सोचिए पुस्तक में दिए ज्ञान का इस्तेमाल करके! **"आप अपने व्यवसाय को 200% करने में सक्षम हैं क्योंकि ऐसा बहुतों ने किया है।"**

www.ingramcontent.com/pod-product-compliance
Lightning Source LLC
Chambersburg PA
CBHW052209150726
48002CB00003B/1146